일류정치 프로젝트

청년이 만드는 세상

일류정치 프로젝트:
청년이 만드는 세상

발행일 2023년 11월 15일
저 자 김승채
발행인 남광규
발행처 도서출판 매봉
등 록 제6-479호
주 소 서울시 영등포구 국회대로 800

ISBN 978-89-92799-31-7 93340
정 가 12,000원

목 차

들어가며

대한민국은 세계 10위권의 경제력, 유엔무역개발회의가 규정한 선진국 그룹, 「US 뉴스&월드리포트」가 발표한 2022년 세계 강대국 순위 6위, 그리고 K-POP 등 한류에 힘입어 문화강국의 문턱까지 왔습니다. 선진국을 위한 마지막 퍼즐인 일류정치는 불가능한 것인지 철저하게 진단하고 방안을 마련할 때가 왔습니다.

하나

들어가며

이건희 회장은 1995년 4월 베이징을 방문했을 때 한국 언론사 특파원들과의 대화에서 규제 혁신에 미진한 당시 정치권을 향해 "우리나라는 정치는 4류, 관료와 행정조직은 3류, 기업은 2류"라고 일갈했습니다. 이런 뼈아픈 일침을 당하자 권위주의 정권을 청산하고 문민정부를 출범시켰다고 강조했던 김영삼 정부를 포함하여 정치권은 일제히 삼성에 대해 직간접적인 압박을 가해 이건희 회장은 큰 곤욕을 치러야했지요.

그러한 현실 인식하에 이건희 회장은 2류 삼성을 일류 기업으로 탈바꿈시키기 위해 "마누라와 자식 빼곤 다 바꾸라"면서 강도 높은 혁신 작업을 지휘했습니다. 그 결과 삼성은 2류에서 초일류 기업으로 도약할 수 있었습니다. 아니 삼성만이 아니라 우리나라 몇몇 기업도 세계적 기업으로 발돋움했지요.

그런데 당시 이건희 회장을 질타했던 정치권은 어떤가요? 김영삼, 김대중, 노무현, 이명박, 박근혜, 문재인 정부 등 정권이 6번이나 바뀌면서 28년이 지난 오늘 과연 우리의 정치는 일류가 되었습니까? 이건희 회장을 강하게 질타했던 정치는 기업보다 더 발전되어 다른 분야와 다른 국가보다 앞서 갔어야 하지 않았을까요?

우리는 1987년 민주항쟁을 승리로 이끌고, 모범적인 민주화 이행을 통해 선진국과 후발 국가들로부터 부러움을 사고 있다는 자부심을 갖고 살아왔습니다. 그렇지만 안타깝게도 그 강한 자부심의 삶은 본질적인 변화에는 둔감한 채 화려한 겉치레 속에서 근거 없는 자만심만 뻐기며 살아온 것은 아닌가 하는 생각도 듭니다.

오늘 우리의 자화상을 더 가까이서 보면 그렇게 자신만만하게 기업을 호통쳤던 정치는 일류는커녕 채 3류에도 올라서지 못한 것은 아닌가 하는 자괴감마저 드는 게 사실입니다.

그동안 우리는 거창하게 민주화라는 이름하에 기득권 철폐, 소통, 공감과 배려라는 그럴싸한 용어로 평등의 가치를 소환하며, 공정을 방패삼아 이제 정의를 실현하게 되었다고 자화자찬하고 있습니다. 여러분도 그렇게 생각하세요?

정치는 4류라는 처참한 평가를 받은 지 28년을 보내오면서 우리는 권위주의적 제도를 고치고, 과거에는 상상하지 못했을 정도의 인권 신장을 이루었으며 개개인의 정치적 권리를 최대화시킨 것은 사실입니다.

그러나 다른 한편으로 새롭게 마련한 민주주의적 제도는 지나치게 중우화(衆愚化. 이성적이고 계몽된 시민의식을 벗어난 국민들에 의한 정치)되었지요. 정권과 정치로부터의 인권은 신장되었지만 인권이라는 미명하에 타인으로부터 겪는 인권침해는 오히려 심화되지 않았나요? 게다가 개인의 정치적 권리를 내세워 타인과 국가에 대한 책임과 근본을 침해하는 일이 더욱 증가되었습니다.

국민과 국가의 미래를 생각할 때 원대한 꿈과 희망은 필요합니다. 그것을 우리는 국가대전략이라고 부르지요. 많은 시간이 소요되더라도 그 기초를 더욱 견고하게 다지는 기초공사를 하는 것이 절대적으로 필요합니다.

우리나라의 명목 GDP는 국제통화기금(IMF) 추정치로는 2020년에 세계 10위, 세계은행(World Bank)은 2019년 12위, 유엔(UN)은 2019년 12위로 평가하고 있습니다. 또 세계무역기구(WTO)에 따르면 2020년 한국의 수출은 전세계에서 7위, 교역 규모는 9위를 차지하고 있지요. 어림잡아도 우리의 경제규모는 세계 10위권입니다. 겉으로 보면 이제 우리나라는 건국 70년을 조금 넘겼지만 전세계에서 잘사는 국가 중 하나로 성장하였지요. 더욱이 유엔무역개발회의 (UNCTAD)는 2021년 7월 한국의 지위를 개도국에서 선진국으로 분류하여 우리나라는 이제 명목상으로 선진국이 되었습니다. 경제와 더불어 최근에 한류 바람을 타고 문화 분야에서도 전세계를 선도하는 문화의 하나로 발전하여 뿌듯합니다.

저는 대한민국을 참으로 자랑스럽게 생각합니다. 내 조국이어서만은 아닙니다. 그동안 여러 가지 우여곡절이 있었지만, 역사의 커다란 물줄기를 생각해 보면 우리 모두의 정성어린 노력으로 인해 다른 국가들과는 다르게 개인의 보편적 가치와 국가의 위상이 우상향 곡선을 그리면서 성장해 왔기 때문입니다.

세계 역사에서 그런 국가들은 흔치 않습니다. G7이라고 불리는 서방 선진국과 스웨덴, 덴마크, 노르웨이 등 몇 개 북유럽국가들 정도입니다.

여러분들도 해외여행에서 느꼈던 것처럼 밖에서 보는 우리는 정말 대단하지 않습니까? 해외에 나가면 반도체, 전자제품, 철강, 건설, 특히 최근에는 한류의 바람 속에서 우리도 모르게 당당하게 걷고 있는 우리를 발견하곤 하지요.

그런데 안타까운 것은 이렇듯 외형적으로는 과거에 상상하지 못했던 만큼의 성장을 이뤄낸 분야도 있지만 사회 전체적으로 보면 아직도 그에 걸맞는 내실은 많이 부족하다는 생각이 듭니다. 그것은 개인과 국가의 내실 있는 성장을 담보할 튼실한 플랫폼을 갖지 못했기 때문에 결과된 현상입니다.

그 플랫폼의 중심은 바로 정치 분야입니다. 왜냐하면 정치는 한 국가의 모든 분야와 얼기설기 얽혀 있고, 그것을 풀고 조이는 일을 정치가 담당하고 있기 때문이죠. 그런데 지난 28년 동안 정치 분야가 제대로 성장하지 못했기 때문에 화려한 건물만 지어 놓고 그에 걸맞는 내부 인테리어를 못했습니다.

그런 점에서 이제 우리는 예측가능한 희망 속에서 소박하게나마 개인적 행복을 느끼고, 다른 국가가 쉽게 대할 수 없는 국가의 능력과 품격을 지닌 미래를 위한 설계와 공사를 시작해야 합니다.

이 책은 바로 그런 사회를 만들어 가기 위해 우리가 무엇을, 어떻게 할 것인가에 대해 고민해 본 책입니다. 저만의 고민이 아니라 여러분들은 물론이고 정치를 담당하는 사람들이 함께 고민해야하는 것들을 풀어 놓은 책입니다.

이 책은 문제점을 지적하기 보다는 해결책을 마련해야 한다는 실천지향적 생각에서 집필한 것입니다. 부정과 비판보다는 이해와 해법을 제시하는 것이 우선되어야 한다는 것을 의미합니다. 그동안 우리는 많은 문제점에 대해 토론과 비판을 수없이 해오면서 이상적이고 규범적인 주의, 주장만 했을 뿐 실현가능한 해법에 대해서는 한참 뒤져 있었습니다. 생각보다는 행동, 이론보다는 실천, 구두선 보다는 천진난만한 아이들도 따라할 수 있는 너무도 간단하고도 쉬운 해법에 대해서는 제쳐두었던 것 같습니다.

오늘의 우리 정치현실을 보며 절망하지 않는 분들이 없을 것 같습니다. 이것은 현실을 무시하니 문제고, 저것은 인륜을 그르치니 문제고, 또 그것은 법을 어기는 문제라는 식입니다.

저는 이 책에서 절망보다는 희망을, 부정보다는 긍정을 통해 자랑스러운 대한민국을 일류정치를 하는 일류국가로 만들보고 싶은 생각을 제안하려는 것입니다. 제가 잘나서가 아니라 이제는 우리가 비판보다는 협의와 이해를 통해 만들어보자는 뜻에서 이 책을 내놓고자 합니다. 저는 이 책에서 4류정치라고 평가받는 우리 정치가 일류정치로 나아가고 그것을 실천하고 즐기기 위한 생각들을 제안하려고 합니다. 우리가 실행하면 좋을 듯한 이야기를 하려고 이 책을 썼습니다.

제가 이 책에서 강조하려는 것은 대한민국 국민들이 어느 정도의 돈이나 물질적 지원으로 만족하는 국민이라기보다는 보다 근본적으로 인간다운 삶을 지향하고 그것을 달성하기 위한 목적의식을 가지고 사는 좀더 문명화되고 세련되고 인간적으로 값어치 있는 사람들이라는 것을 알려주고, 그런 사람들이 만든 국가가 일류국가, 일류정치를 하는 것이라는 점을 확인시켜 주기 위해 이 책을 씁니다. 이 책이 여러분과 같이 고민하고 실천하며 함께하는 사회를 위한 성찰의 모습이기를 기대해 봅니다.

끝으로 어려운 출판 현실 속에서도 이 책의 출간을 흔쾌히 응락해 준 도서출판 매봉 대표 남광규 교수께 감사의 말씀을 전합니다.■

“

4류 정치란 무엇인가

”

4류 정치와 일류정치는 그 사회를 지배하는 이념이 얼마나 유연한가, 법치주의가 어느 정도인가, 그리고 국가 정책이 얼마나 현실적응성을 가지고 있느냐에 따라 나뉘어 집니다. 일류정치는 노멀한 국민의 행동이 가장 기본적이면서도 보편적인 사회입니다.

둘

4류 정치란 무엇인가

4류 정치란 무엇인가요?

처음 듣는 얘기지요? 우리가 일상생활에서 일류 대학, 명품 가방, 3류 소설, B급 가수라는 말을 사용했을 때 그 등급들이 무엇을 의미하는지 자연스럽게 소통이 되잖아요? 그런데 4류 대학, 4류 소설이라는 말은 거의 사용하지 않습니다. 그 이유는 우리가 일반적으로 1, 2, 3등만을 의미 있는 등수나 등급으로 생각할 뿐 그 이하는 몇 등급이 되었던 모두 비슷하거나 의미 없는 등급으로 생각하기 때문입니다.

우리는 한 국가의 수준을 평가할 때 흔히 경제적인 능력에 근거하여 선진국, 개발도상국(개도국), 그리고 후진국으로 분류합니다. 여기에 기초하여 정치적 등급을 연결시킨다면 선진국은 일류 정치 또는 선진 정치, 개도국은 2류 정치쯤으로, 그리고 후진국은 3류 정치 수준으로 언급할 수 있을 겁니다. 여기에도 4류 정치는 없습니다.

그런데 실생활 정치에서는 의미 없는 등급을 붙여 4류 정치라고 부르는 경우도 있습니다. 4류 정치라는 용어가 우리 사회에 등장한 것은 앞에서 말한 것처럼 고인이 된 삼성 이건희 회장이 처음 언급하면서부터 였어요. 일반적으로 4류 정치라고 불리는 경우가 없는 것을 잘 알만했던 이건희 회장이 왜 굳이 우리나라의 정치현실을 4류 정치라고 불렀을까요? 당사자가 그것의 내용을 구체적으로 설명하지 않았기 때문에 4류 정치의 개념을 확정짓기는 쉽지 않지만 그런 언급을 했던 당시의 상황과 정치가 갖추어야 일반적인 덕목들에 비추어 보면 몇 가지 중요한 지표들을 유추할 수 있지 않을까 생각합니다.

어떤 지표들이 있습니까?

이건희 회장의 4류 정치 언급 직전까지 우리나라 현대정치사는 1945년 광복, 1948년 대한민국 건국, 1960년 4·19혁명, 1961년 군사정권 등장, 1980년 광주 민주화운동, 1981년 군사정권 재등장, 1987년 6월 민주항쟁, 1993년 문민정부 등장 등을 거치면서 정치 수준을 평가할 수 있는 중요한 변수들이 나타났어요.

그 중에서 가장 중요한 변수들은 자유민주주의, 법치(주의), 인권, 언론·집회·결사의 자유를 포함한 개인의 기본권, 그리고 시장경제 등이 아닐까 합니다.

4류 정치는 이 변수들과 상관관계가 있다는 말이군요?

그렇습니다. 1987년 민주항쟁의 승리로 문민정부가 등장했음에도 불구하고 정치권은 여전히 민주적 의식과 가치보다는 학연, 지연, 혈연에 근거한 정치, 집단정치, 심지어 패거리 정치를 지속하고 있었죠.

자유민주주의는 모든 개인의 기본권을 존중하고, 자유롭고 평등하게 선거를 통해 지도자들을 선출하고, 그들에 의해 공정하고, 책임지는 정치행위가 수행되는 것입니다. 적어도 1995년이 되면 우리 사회는 절차적 민주주의를 회복하여 대통령을 직접 선출하고. 지방자치제를 부활하여 형식적인 차원에서 민주적 가치를 실현하였습니다. 그래서 당시 등장한 김영삼 정부는 자신들을 그동안의 군사정권과 성격이 다른 일반 국민들이 만든 정부라는 뜻에서 문민(文民, civilian government)정부라고 칭하기도 했지요. 국가의 주인인 우리가 선거를 통해 우리의 대리인들을 선출하고 그들이 국가를 운영하게 되었으니 대단한 성과라고 할 수 있지요.

그러나 정치의 내용을 들여다보면 공직은 능력에 따른 인사라기보다는 학연, 지연, 혈연에 기초한 자리 배치와 공천, 그리고 낙하산 인사가 대부분을 차지하고 있습니다. 또 정책이나 입법은 합리성 보다는 정실과 부패의 고리를 통한 결정이 아직도 만연하고 있지요. 특히 국가의 위상이나 미래, 개인들의 삶의 질을 향상시키기 위한 정책보다는 지역사업, 인기영합사업에 치중하여 국가 전반의 발전과 성장을 고려하지 않는 정책들이 주요 법안으로 만들어졌습니다. 소위 포퓰리즘적 정책이 상당수를 차지하고 있습니다. 국가대전략이라는 거시적 차원의 정책이 아닌 협소하고 이기적인 정책에 치중한 것입니다.

어떤 정책들이 그런가요?

국민의 세금으로 수립되는 예산안 결정이 대표적인 것이 아닐까 합니다. 예산안 결정과정에서는 엄격한 심사와 지출될 예산의 타당성 조사를 근거로 한 합리적인 예산 배정보다는 여야간 밀실합의, 여야 국회의원이 동시에 포함된 예결위원들과 비밀리에 거래를 통해 예산을 배정받는 소위 쪽지 예산배정은 전혀 변화되지 않은 것입니다.

예산과 관련하여 더욱 중요한 것은 매년 회기가 끝나면 국민의 혈세인 예산이 제대로 집행되었는가에 대해 결산을 하게 되어 있습니다. 그러나 그 결산이 민주화를 이룩한 지금까지도 수박 겉핥

기식으로 지나가는 악습은 전혀 고쳐지지 않았습니다. 그러다보니 국민들의 소중한 피와 땀이 허무하게 사라지는 현실이 계속 되풀이되고 있습니다.

특히 중요 법안도 이해상충자들의 의견을 조정하기 보다는 선거에서 유리한 쪽으로 결정되는 득표 우선주의 법안이 줄을 이었습니다. 민주주의에서 가장 중요한 대의기관이라고 할 수 있는 국회의 저급한 정치는 거시적 민주화의 내용을 채우기에는 너무도 부족한 상황이었습니다.

더욱이 민주화 달성 이후에도 정치인들의 부정부패는 끊이지 않았습니다. 최고 정책결정자인 대통령과 그의 친인척부터 시작하여 정무직에 앉은 정치인, 그들을 보좌하는 사람들까지 소위 정치권으로 불리는 사람들의 불법과 편법을 일삼는 그릇된 행동은 거의 매일 우리의 눈살을 찌푸리게 하고, 국민들 마음을 불편하게 했습니다. 그것은 지금도 마찬가지입니다.

이와 같은 어긋남과 빈껍데기 법치주의는 공정과 평등, 그리고 책임을 중시하는 자유민주주의의 가치를 훼손하여 4류 정치를 낳게 한 장본인 중의 하나입니다.

우리나라는 법치주의 국가 아닌가요?

그렇지요. 법치주의 국가 맞지요. 법치주의는 법의 지배라고도 하고 영어로는 'rule of law'입니다. 국민이 만든 헌법에 기초하여 명확하게 규정된 법에 의해 정당한 방법으로 국민으로부터 위임받은 국가권력을 행사하는 것입니다. 최고 통치자나 권력기관들이 자기 멋대로 권력을 남용하는 것을 막고, 정당하고 합법적인 범위에서 권력을 행사하는 것이 법치주의죠.

우리가 흔히 말하는 법치주의는 고대 그리스의 플라톤(Plato)과 아리스토텔레스(Aristotle)의 주장에서부터 시작되어 수많은 철학자와 법학자, 사상가, 그리고 영국의 명예혁명, 프랑스혁명 등 지난한 시민혁명과 투쟁의 산물입니다. 그래서 법치주의는 민주주의의 가장 중요한 요소 중의 하나로 우리 모두가 인정하는 것이지요.

정당하고 합법적인 절차를 통해 구성된 국회에서 제정된 법이 행정권과 사법권의 통치원리가 되는 것이 법치주의입니다. 이 때의 법치주의는 국회가 적법한 절차에 근거하여 법을 제정하였을 뿐 그 법의 목적이나 내용은 문제 삼지 않습니다. 그래서 우리는 이것을 형식적 법치주의라고 합니다.

그런데 이런 경우를 생각할 수 있지 않을까요? 적법한 절차를 통해 국회에서 다수 의석을 차지한 정당이 다수결원리라는 원칙에 근거하여 횡포를 부린다거나 순진한 대중 선동을 통해 등장한 독재자의 권위주의적 혹은 전체주의적 정치를 전혀 견제하지 못하는 상황이 있을 수 있습니다.

히틀러의 나치 정권이 바로 대중선동을 통해 적법한 절차로 권력을 장악했지만, 독재의 모습은 참으로 끔찍했던 것을 우리는 기억하고 있지 않나요? 히틀러 정권은 형식적 법치주의의 형태를 띠고 있지만 그 내용으로 보면 독재정권, 권위주의 정권, 전체주의 정권이었지요.

형식적 법치주의만으로는 부족하다는 말이군요?

그렇다고 볼 수 있지요. 국민의 자유로운 투표에 의해 정치권력을 장악한 히틀러의 공권력 행사는 형식적 법치주의에 근거한 법률에 기초하고 있었기에 겉으로는 문제가 없었습니다.

그렇지만 그가 의존한 법률은 인간의 존엄을 바탕에 두고 기본권을 보장하며 실질적 평등을 추구하는 내용을 담은 법률은 아니었습니다. 다시 말하면 그것은 실질적 법치주의가 아닌 절차적 합법성만을 강조하는 형식적 법치주의에 지나지 않았던 겁니다. 법의 정당성이라는 측면이 무시되거나 간과된 경우였던 것이죠. 실질적 법치주의만이 올바른 민주주의라고 볼 수 있습니다.

아마도 당시 이건희 회장이 우리나라가 법치주의 국가인 것은 맞지만 지나치게 형식적이고 합법성만을 강조한 사실도 생각한 것 같습니다. 심지어 1987년 민주항쟁으로 쟁취한 헌법과 이후의 법률들이 모두 적법한 절차를 거쳐 제정되고 개정되었지만, 내용에서는 상당히 미흡한 측면이 있었음을 본 것이 아닌가 합니다.

이런 점은 유독 이건희 회장만의 시각은 아닙니다. 진정한 의미의 민주주의를 갈망하는 국민들의 생각이었을 것입니다. 헌법재판소의 판례도 우리나라 헌법은 국가권력의 남용으로부터 국민의 기본권을 보호하려는 법치국가의 실현을 기본이념으로 하고 있다는 점을 강조하고 있으니까요. 다만 이건희 회장이 격하게 지적하였을 뿐이지요.

요즘은 사법의 정치화라는 말도 있잖아요?

그렇습니다. 법치주의 문제를 다룰 때 '정치의 사법화'나 '사법의 정치화' 문제도 자연스럽게 나오는 말이지요. 4류 정치 논의를 하면서 법치주의를 너무 장황하게 얘기하면 지루해 질 수도 있지만, 말이 나온 김에 4류 정치와 깊게 연관된 민주주의를 설명한다는 차원에서 조금만 더 얘기를 해보죠.

사실 정치적 문제는 정치권에서, 특히 국회에서 대화와 타협이라는 민주주의의 가장 기본적인 요소를 통해 해결하는 것이 바람직하지요. 그런데 그런 정치과정을 통해 해결하지 못하고 이것을 사법부에 맡기게 되면서 정치의 사법화가 나타나게 됩니다.

최근의 사례를 들어보면, 선거에서 정치적 중립 문제로 노무현 대통령에 대한 탄핵심판이나 국정농단으로 인한 박근혜 대통령의 탄핵심판 등이 바로 대표적인 정치의 사법화 사례입니다. 정치의 영역을 사법의 기준으로 평가하는 것입니다.

사법의 정치화가 심화되고 있군요.

그렇습니다. 민주주의가 발전될수록 정치와 사법은 삼권분립의 영역에 대해서도 서로 자신들에게 유리하도록 활용하려고 합니다. 정치는, 특히 국회와 대통령은 사법부를 자신들에게 유리하도록 길들이기 위해 대법관(대법원장 포함), 헌법재판관(헌재 소장 포함), 검찰 총장 등 사법부 구성원의 인사, 예산배정 문제 등으로 압박을 하는 경우를 종종 볼 수 있습니다.

최근 21대 국회에서 어떤 국회의원이 예산심의 과정에서 (법원에 필요한 예산이 삭감되지 않도록) "의원님, 꼭 살려주십시오. 정말 국민을 위해서 필요한 일입니다. 다리 하나, 상판 하나에 해당하는 돈 밖에 안되는 거예요' 한 번 하세요"라며 "살려주십시오, 한마디면 끝날 일을 참 답답하다"고 말했습니다. 국회, 정치가 예산을 가지고 사법부를 압박하고. 심지어 능멸하는 듯한 발언을 한 것이라고 볼 수 있지요.

그런데 주권자인 국민들이 사법부를 무시하고, 모욕하는 권한까지 국회의원에게 위임한 것은 아닙니다. 만약 정치 분야의 이런 압박에 굴복하거나 타협하는 경우가 생긴다면 이것이 '사법의 정치화'를 가져오는 것입니다. 사법이 정치와 타협하고, 정치적인 논리에 좌우된다는 말입니다.

중요한 것은 정치의 사법화가 됐든 아니면 사법의 정치화가 됐든, 두 가지 모두 형식적, 실질적 법치주의의 기본 원칙과 정신을 훼손하는 것입니다. 법률이 자의적으로 악용될 수 있기 때문이죠.

그런 점에서 이 두 가지는 민주주의의 성숙이라기보다는 퇴행의 모습이고, 결국 4류 정치를 지속하는 힘이 되는 겁니다.

법의 지배라는 문제도 우리를 혼란스럽게 하는 것 같습니다.

네. 저도 법 전공자는 아니지만 대학 신입생 시절에 들었던 '법의 지배' 문제도 아주 자의적으로 악용되는 사례가 있다는 생각이 듭니다. 그것은 4류 정치 이야기가 나왔던 1990년대 당시는 물론이고 지금도 그런 측면이 많다는 생각이 들어요.

앞에서도 언급했듯이 '법의 지배'는 영어로 rule of law라고 했지요. 그런데 그것을 자의적으로 '법에 의한 지배'(rule by law)로 왜곡하여 사용하는 경우가 종종 있습니다. 특히 비민주주의 정권, 권위주의 정권에서 정당하지 못한 방법으로 국가권력을 행사할 때 나타나곤 하지요.

'법의 지배'에는 형식적이고 실질적인 법치주의가 모두 포함되어 있어 최고 권력자도 법 앞에 평등이라는 전제로 법적 심판을 받고, 심지어 구속까지 될 수 있습니다.

그러나 '법에 의한 지배'는 법을 통치자나 국가권력을 장악한 세력이 자신들의 의사를 실현하기 위한 수단이나 도구로 활용하는 것입니다. 이것은 형식적 법치주의의 허울을 쓰고 있다고 위안할 수 있을지 모르지만, 결코 형식적 법치주의는 물론 실질적 법치주의와도 거리가 먼 이야기죠.

법의 합법성은 물론 정당성을 무시하고 마치 절대군주가 짐이 곧 법이라고 말했던 시기로 착각하는 것과 크게 다르지 않습니다. 현대사회에서는 권위주의 국가에서 법을 악용하는 과정에서나 볼 수 있는 오도된 법치주의의 하나일 뿐이죠.

따라서 우리는 누가 '법의 지배'라고 말하거나 그 권위를 사용할 때 과연 그것이 '법의 지배'인가, 아니면 '법에 의한 지배'인가를 보다 면밀하게 살펴보고, 그 언동을 평가하는 지혜가 필요합니다. 왜냐하면 이 둘을 엄격하게 구분하여 사용하는 것이 일류 정치와 4류 정치를 구분하는 아주 중요한 잣대가 되기 때문입니다.

인권 문제도 정치 수준을 평가하는데 중요하지요?

당연합니다. 인권이 제대로 보호되고, 존중되지 않은 국가치고 정치 발전을 이룬 국가는 지구상에서 한 나라도 없습니다. 인권이 처참하게 말살되고 부정되는 국가에서조차 인권 조항이 헌법이나 법률에 규정되어 있지만 우리는 그런 국가의 정치 수준은 낮다고 평가하고 있습니다. 마치 방금 얘기했던 '형식적 법치주의'와 실질적 법치주의'와 유사한 것이지요.

우리 주변국인 중국이나 북한도 인권 조항을 법률로 명시하고 있지만 실제로 인권이 보장되는 국가로 보지 않는 것과 같습니다.

중국의 경우 국제 인권 NGO인 휴먼라이츠워치에 따르면 특히 신장위구르자치구의 이슬람교도인 위구르인들은 철저한 감시 속에서 살고 있으며, DNA와 생체인식 샘플을 당국에 제출할 정도로 인권을 보장받지 못하고 있습니다. 북한 같은 경우도 거주 이전의 자유, 종교의 자유는 물론 언론의 자유가 전혀 없으며, 정치범수용소를 운영하면서 주민들의 인권을 억압하고 있습니다.

인권 문제는 한 나라에만 적용되는 것은 아니지요?

그렇습니다, 인권은 국내정치가 아니라 글로벌한 행동규범이지요. 여러분도 잘 알다시피 인권은 모든 사람이 태어날 때부터 부여받은 평등하고 양도할 수 없는 권리라는 뜻에서 천부인권이라고도 하잖아요. 따라서 인권은 국가의 일방적 권력 남용과 억압에 대항하여 인간이 요구할 수 있고, 또 보호·보장을 받을 수 있는 보편적 권리입니다. 인권은 강제적인 것은 아니지만 모든 국가가 지켜야 할 자유와 평등에 관한 지침으로서 받아들여지고 있기도 한데요. 그것이 명문화된 것이 1948년 12월 유엔 총회에서 채택된 30가지 권리로 구성된 세계인권선언입니다.

우리나라도 헌법 10조에 "모든 국민은 인간으로서의 존엄과 가치를 가지며, 행복을 추구할 권리를 가진다. 국가는 개인이 가지는 불가침의 기본적 인권을 확인하고 이를 보장할 의무를 진다"고 명시하고 있지요.

그런데 문제는 인권이 법적 조항으로 명기된다고 해서 끝나는 것은 아니지요. 가장 중요한 것은 법적 조항이 실생활에서 얼마나 지켜지고 존중되느냐 하는 것 아닐까요?

인권도 형식과 실제의 괴리가 있다는 말이군요.

그렇습니다. 사실 사회의 모든 분야에서 법과 현실, 형식과 실제가 다르듯이 인권도 마찬가지입니다. 1987년 민주화운동 과정에서 고문으로 숨진 박종철 고문치사 사건이나 시위도중 최루탄에 맞아 사망한 이한열 사망 사건이 대표적이지요.

이들이 민주화 운동을 한 시기는 군사정권 시기였음에도 불구하고 헌법은 물론 법률로 인권이 보장되었던 시기였습니다. 그런데도 이들은 언론의 자유를 포함한 기본권을 보장받지 못하고 민주화운동과정에서 죽어갔지요.

문민정부가 들어섰음에도 불구하고 문민정부나 김대중 대통령의 국민의 정부에서 있었던 언론과 노동탄압, 심지어 민간인에 대한 도·감청문제도 인권에 대한 심각한 침해를 보여주는 것이라고 볼 수 있습니다.

그럼에도 불구하고 군사정권을 거치고 문민정부가 등장한 이후 우리 사회에서 인권이 신장된 것은 누구도 부인할 수 없는 사실입니다. 우리나라에서 언론, 집회, 결사의 자유를 포함한 인권신장은 과거에는 말로만 듣고, 구호로만 외치던 것이 현실화되었다는 점은 누구도 부인할 수 없지요.

옥외집회 및 시위는 더 이상 허가사항이 아닌 신고사항으로 되어 누구든 해당 경찰부서에 신고만으로 집회를 개최할 수 있게 되었습니다. 오늘날 언론의 자유는 다양한 매체와 내용에 대한 규제가 거의 없어져 우리 국민 모두가 보편적으로 언론의 자유를 누리고 있습니다.

예를 들면 언론의 자유를 평가하는 기구나 지수는 여러 가지가 있지만 대표적인 것 중의 하나인 「국경 없는 기자회(RSF)」가 발표한 2022년 세계언론자유지수 순위에서 우리나라는 전세계에서 43위를 기록하였지만 2019년부터 2021년에 이어 2022년에도 아시아에서 미디어의 자유가 가장 높은 나라로 꼽혔습니다. 전반적으로 인권 분야에서의 성장도 다른 부문에 뒤지지 않을 정도로 성장했지요.

그런데 요즘은 인권에도 '내로남불'이 있는 거 같아요?

그렇습니다. 최근 들어 상당히 냉소적인 의미로 내가 하면 로맨스고, 남이 하면 불륜이라는 뜻에서 '내로남불'이라는 말이 자주 사용되지요. 이것을 인권에 빗대서 말하면 내 인권이 최우선이고 다른 사람의 인권은 무시하는 경우에도 사용될 수 있지 않나 하는 생각이 듭니다. 자신의 개인정보는 철저하게 보장받아야 한다고 말하면서도, 인터넷에서 신상털기 같은 개인정보의 유출이라든가 해커의 불법적인 행위 등이 대표적인 것이라고 볼 수 있지요.

인권 개념도 발전을 거듭하고 있습니다. 인권 1세대는 자유권적 인권이라고 해서 자유권, 사상, 양심, 종교의 자유, 선거권 등 법적, 정치적 권리에 치중했습니다. 2세대에는 노동권, 적절한 생활권, 그리고 교육권 등 보편적, 경제적 보장과 복지사회 구현을 사회적 권리를 강조했고요. 이제 최근에 와서는 평화권, 인도주의적 재난구조, 지속가능한 환경까지를 아우르는 발전권으로 향하고 있습니다. 이제 개인의 가치 존중을 넘어 공동체나 사회 전체구성원의 단결된 권리를 지향하고 있다는 말입니다.

그것이 정보통신 사회와 연결되면서 더욱 복잡하게 진행되는 것은 말할 것도 없고요. 그래서 인권의 홍수라는 말까지 나올 수 있게 되었습니다. 이렇게 인권이 증진되다보니까 거기에서 예상하지 못한 부작용도 나오게 되었습니다. 천부인권이라는 이름하에 자신의 인권만을 강조하는 과정에서 타인의 천부인권에 대해서는 무시하게 되는 현상이 나온 것이지요.

우리가 인권 문제를 얘기할 때 자유를 중요한 부분으로 인식하는데요, 그 과정에서 상당히 중요한 지적이 떠오릅니다. 자유론의 대가라고 할 수 있는 밀(John Stuart Mill)은 "자유는 천부적인 권리로 누구도 개인의 자유를 제한할 수 없지만 단 한 가지 예외는 다른 사람의 자유를 침해할 자유는 없다"고 했습니다. 21세기 초반에 내로남불이 나올 것을 예상하고 이미 19세기 중반에 이런 얘기를 한 것은 아니겠지요?

그런 것은 인권이기주의라고도 할 수 있지 않을까요?

단순하게 말하면 그렇다고도 볼 수 있지요. 최근에 우리는 불법적이고 위법적인 시위나 행동을 저지하는 공권력에 대해 무력과 폭력을 행사하는 경우를 종종 봅니다. 또 개인 유튜브를 언론이라는 미명하게 타인의 신상이나 정보를 공개하고 이를 통해 타인의 인권을 침해하는 사례가 아주 빈번하게 일어나고 있지요. 그것은 언론의 자유가 왜곡되어 보장되는 것입니다.

이런 행위는 분명히 세계인권선언을 위반하는 자기중심적이고 이기적인 인권입니다. 세계인권선언 29조에 '모든 사람은 자신의 권리와 자유를 행사함에 있어 다른 사람의 권리와 자유를 당연히 인정하고 존중하도록 하기 위한 목적과 민주사회의 도덕, 공공질서 및 일반적 복리에 대한 정당한 필요에 부응하기 위한 목적을 위해서만 법에 따라 정하여진 제한을 받는다'고 규정되어 있습니다. 인권에는 권리 뿐만 아니라 의무도 존재한다는 말이지요.

우리가 진정으로 인권의 보장을 주장한다면 지나치게 본인의 인권만을 주장하는 것은 인권에 대한 몰이해와 무지이며 몰지각한 행동이라는 것을 반드시 알아야 민주시민이라고 말할 수 있습니다. 그래야 모두가 존중받는 명실상부한 인권 선진국이 될 수 있습니다.

시장경제도 정치수준을 가늠하는 잣대라고 하셨죠?

그렇습니다. 시장경제제도는 단순하게 말하면 사회에서 생산된 물건이나 서비스 등 재화와 용역이 수요와 공급의 원칙에 따라 가격이 결정되는 경제제도를 말합니다.

국가나 다른 어떤 제도나 기구에 의해 인위적으로 가격이 결정되지 않고 아담 스미스(Adam Smith)가 말한 시장에서 '보이지 않는 손'에 의해 실제로 생산자와 소비자의 자유스러운 거래에 의해 가격이 결정된다는 점에서 자유시장경제라고도 하지요. 그리고 이것이 자본주의 체제의 근간을 이루고 있습니다.

반면에 국가나 특정 제도에 의해 가격이 결정되는 체제를 사회주의경제 혹은 계획경제체제라고 합니다.

시장경제와 사회주의경제를 구별하는 핵심적인 요인은 사유재산권인데, 그것은 재산의 소유, 사용, 처분 등이 소유주의 의사에 따라 자유롭게 이루어지는 것을 의미합니다. 그렇지만 사유재산이라고 해서 무조건 개인의 절대적인 자유처분권이 보장되지는 않습니다. 시장체제에서의 전제 조건은 사유 재산권의 행사가 공공복리에 어긋나지 않아야 한다는 것입니다. 만약 그럴 경우 정부는 법률에 따라 적절한 제재를 가능케 해야 한다는 전제를 사회구성원 모두가 동의하고 있는 체제를 의미하지요. 이것은 전체가 우선임을 강조하는 사회주의 경제와 결정적으로 다른 점이라고 할 수 있습니다.

마치 자유민주주의 정치체제에서처럼 개인 권리를 최대한 보장하되 거기에는 의무도 따른다는 점을 경제에서도 부여하고 있다고 할 수 있습니다. 이런 점에서 시장경제도 정치수준을 가늠하는 잣대 중의 하나라고 할 수 있는 겁니다.

시장경제제도를 운영하는 국가는 정치선진국인가요?

절대적으로 그렇다고 볼 수는 없습니다. 시장경제제도를 운영한다고 해서 무조건 정치발전이 이루어진 국가라든가, 아니면 사회주의적 성격을 띤 경제제도를 운영한다고 해서 무턱대고 정치발전이 안된 국가라고 평가하는 것은 올바른 평가라고 할 수 없지요.

왜냐하면 현실세계에서 완전하게 자유로운 시장이나 이상적 형태의 사회주의 경제는 존재하지 않기 때문입니다. 거의 대부분의 나라는 시장 경제를 바탕으로 사회주의적 요인들을 가미한 한 혼합경제 체제를 유지하고 있습니다.

시장경제를 운영하는 국가라고 해서 모두 자유민주적이고 선진적인 정치라고 볼 수 없다는 이야기입니다. 중국에서 모택동이 사망하고 등소평이 등장하여 개혁·개방을 선언한 이후 사회주의경제 바탕 하에 시장경제 요소를 도입하고 심지어 시장경제체제의 핵심인 주식시장까지 운영하고 있지만 우리가 중국을 정치적으로 선진국이라고 하지 않는 것과 흡사한 것이지요.

다른 한편으로 스웨덴, 덴마크, 노르웨이 같은 국가들은 다른 시장경제체제 국가들보다 세금을 더 많이 부과하고, 전국민을 상대로 복지혜택을 더 많이 운영하여 사회주의 경제 요소를 훨씬 더 채택하고 있음에도 불구하고 그들 국가는 오히려 정치적으로 선진국으로 분류되고 있기도 합니다.

그렇지만 스웨덴은 정부가 망하는 기업에 대해 절대로 지원하지 않는 철저한 자본주의 국가이기도 합니다. 우리나라가 자본주의경제체제라고 강조하면서 부실기업이나 회생불가능한 기업에 정부가 지속적으로 다양한 형태로 지원을 해주는 것과는 정반대의 모습입니다.

따라서 시장경제제도가 정치민주화의 선결조건이라거나 혹은 긍정의 비례관계라고만 할 수 없습니다. 그렇지만 현재 국제사회에서 정치선진화를 달성한 국가치고 시장경제를 우선적인 경제제도로 운영하지 않는 국가는 없다는 사실을 본다면 자본주의는 정치 선진화의 필요조건이라는 점을 부인할 수 없다고 봅니다.

그래서 시장경제를 4류 정치와 연관이 있다고 하는군요

그렇습니다. 분명히 관계가 있다고 봅니다. 시장경제의 기본 원칙은 외부의 인위적인 개입 없이 자유로운 환경에서 결정된 가격에 대해 가격결정에 참가한 사람들이 그 가격 결정을 서로 수긍할 수 있는 정도로 공정하고 정의롭게 이루어진다는 전제를 가지고 있습니다.

그런데 정치부문이 종종 공정이나 정의, 그리고 평등한 분배라는 미명하에 그 가격 결정에 인위적으로 뛰어들어 자유로운 경쟁과 결정을 훼손함으로써 시장경제를 교란하는 행위를 합니다.

대표적으로 우리나라에서 그동안 부동산 가격을 결정하는 과정에서 흔히 보아온 것입니다. 적어도 전두환 정권 이후 역대 정부들이 부동산 가격 안정화 혹은 무주택자에게 주택공급을 한다고 내놓은 시장무시적 혹은 시장경시적 정책들이 모두 실패한 사례에서 볼 수 있습니다.

이것은 시장제도가 가진 자유로운 경쟁, 공정과 형평, 그리고 정의로운 분배의 가치를 성숙하지 못한 정치가 그것을 왜곡하여 사용하였다고 볼 수 있는 것이죠. 이 경우는 시장제도의 올바른 가치를 다른 부문에도 전달하는 파급효과를 제대로 보지 못한 경우라고 할 수 있습니다.

반대로 정치의 선진성도 시장경제와도 관련이 있나요?

그렇습니다. 공정하고, 정의로우며, 미래지향적 가치를 제공하고 지향하는 선진적 정치발전 없는 경우 시장경제는 더 이상 발전하지 못하고 맙니다. 정치부문이 모든 구성원들이 믿고 따르는 가치를 제공하고, 그것을 시장경제가 갖고 있는 가치와 결합되면 시장경제는 더욱 발전할 수 있을 것입니다.

중국이 권위주의적 정치체제를 갖고 시장경제를 아무리 발전시키려고 해도 한계를 갖고 있다는 사실이 이것을 증명합니다. 북한의 경우도 1984년 합영법을 통과시켜 외국자본을 유입하여 경제발전을 도모했지만 전체주의적 정치체제, 김일성, 김정일, 김정은 중심의 독재체제와 법률 하에서 지금까지 실패하고 있는 것도 정치가 시장경제 발전과 아주 밀접한 관련을 가지고 있다고 볼 수 있습니다.

결국 4류 정치는 정치적 성장은 물론 경제발전에 저해만 될 뿐일 수 있죠. 규제중심의 정치와 제도를 통한 경제성장과 발전은 늘 실패할 수밖에 없습니다. 아마도 이런 점에서 이건희 회장이 한국정치가 4류라고 지적한 것이 아닌가 하는 생각이 듭니다.

이쯤해서 4류 정치를 명확하게 규정하는 것이 필요할 것 같습니다.

네, 일류 정치에서 4류 정치를 구분하는 명확한 잣대가 있어야 우리가 4류 정치를 넘어 일류 정치로 갈 수 있겠죠. 제 생각은 이념의 유연성, 법치주의(법과 제도), 그리고 정책의 현실성(현실 적응성) 이라는 잣대가 각 등급의 정치를 구분하는 가장 중요한 기둥들이라고 봅니다.

4류 정치란 진보든 보수든 한 번 그들이 옳다고 믿고 떠받치는 이념은 영원히 변하지 않는다는 생각으로 그 이념을 계속 유지하고, 형식적 논리에 매몰된 법치주의에 근거한 법과 제도를 강조하며, 그 과정에서 탄생되는 정책은 불변의 잣대로서 사회에 적용하고 강제하는 정치라고 볼 수 있습니다.

반면에 당연히 4류 정치의 대척점에서 운영되는 정치가 일류정치입니다. 이런 점에서 본다면 일류정치의 핵심요인들을 제시하면 4류정치가 어떤 정치인지 자연스럽게 알 수 있겠지요.

먼저 이념은 정치의 핵심이라고 할 수 있는데요, 보수와 진보의 성격이 계속 변화하는 것을 인정하는 것, 다시 말하면 이념의 유연성을 인정하는 것이 일류 정치입니다. 왜냐하면 이념은 항상 고정불변한 것이 아니기 때문입니다. 일반적으로 진보는 약자와 서민을 대변하고, 보수는 강자와 많이 가진 사람들을 대변한다는 고정관념은 옳지 않다는 것입니다.

서로 상반된 이념일지라도 각자가 갖는 장점과 시대상을 반영할 수 있도록 변화를 수용하고, 그 변화의 원동력은 항상 진보와 보수의 이념이 바뀔 수 있음을 인정하는 것이 역사발전에 긍정적이고 도움이 됩니다.

우리가 러시아나 중국을 절대로 일류 국가로 분류하지 않지만 두 국가에서 보여진 이념의 변화 모습은 진보와 보수라는 이념의 고정불변성이 틀렸다는 점을 보여줍니다.

러시아의 사례를 보면 1917년 볼세비키 혁명 당시의 공산주의나 사회주의는 진보의 이념이었으나 집권 이후에는 보수의 이념이 되었다가, 1991년 소련 붕괴 당시 자본주의와 자유민주주의의가 진보의 이념으로 보수로 군림하던 사회주의를 붕괴시켰습니다. 그리고 2000년부터 푸틴이 등장하여 석유 분야를 비롯한 사유재산을 대거 국유화하면서 보수적 성향을 띠었던 자본주의를 무너뜨리고 사회주의적 색채가 다시 진보의 이념이 되었지요.

중국도 러시아와 비슷한 경우가 있는 거 같은데요.

그렇습니다. 중국도 1949년 공산당이 자본주의를 표방하던 보수 성향의 국민당에 승리를 거둘 때 공산주의나 사회주의는 진보 이념이었지만 공산당 집권 이후 그것은 보수 이념으로 되었지요. 그러다가 1978년 등소평이 개혁개방을 선언하고 자본주의를 대거 유입하면서 적어도 경제분야에서는 제한적이었지만 진보적 이념으로 사회를 변화시켰습니다. 자본주의가 늘 보수이념이라는 잘못된 인식을 바꿔 놓은 것이지요. 그 뒤 자본주의는 일반 인민들의 경제의식에서는 보수 이념으로 유지되어 왔어요. 그러다가 다시, 특히 2012년 시진핑 주석 등장 이후 국유화를 재강화하고 경제에 대한 국가의 개입을 증대시키면서 사회주의가 진보의 가치로 다시 힘을 발휘하고 있습니다.

러시아와 중국의 사례에 대해 좋고, 나쁨을 떠나 양국은 진보와 보수의 이념이 사회변화 과정에서 언제든지 바뀔 수 있음을 보여준다는 점에서 의미가 있습니다. 그렇다고 양국이 일류 정치를 한다는 말은 절대 아닙니다. 오히려 권위주의를 재강화한다는 점에서는 3류나 4류 정치를 강화하고 있다고 봅니다.

제가 강조하고 싶은 것은 이념적 차원에서 보수와 진보 이념이 특정한 사회 구성원의 독점적 전유물이 아니며. 더욱이 영원히 변하지 않는 고정불변의 이념이나 가치가 아니라는 점입니다. 어느 순간에는 보수 이념도 진보적 가치로 세상을 변화시킬 수 있으며, 진보 이념도 보수, 수구의 모습으로 전락할 수 있다는 말입니다. 이념의 유연성, 가변성을 인정하고 그것을 유지하고 보장해 주는 것이 일류정치라고 할 수 있습니다. 그렇지 않다면 당연히 4류 정치이겠지요.

우리나라도 그런가요?

아닙니다. 안타깝게도 러시아나 중국보다 민주주의가 월등하게 발전한 우리나라는 이념의 유연성이라는 측면에서 보면 오히려 두 국가보다 떨어지는 게 아닌가 하는 생각도 듭니다.

우리나라에서는 자본주의와 자유민주주의라는 이념은 영원히 보수적 가치고, 사회주의 혹은 사회주의 정책은 영원한 진보인양 행세를 하고 있다는 생각이 듭니다.

건강보험 문제를 생각해볼까요? 전국민 건강보험은 우리나라의 대표적인 복지정책입니다. 전국민 건강보험은 1976년 박정희 전 대통령의 지시로 강제가입 제도가 마련되었고, 1977년 7월 1일부터 시행되었습니다. 당시 각료들은 물론 야당에서 상당한 반대가 있었지만 박정희 대통령은 제도 실시를 강행하였고, 그 결과 오늘날과 같이 저렴한 의료비로 전국민이 의료혜택을 보고 있습니다. 버락 오바마 전 미국 대통령도 이 제도를 미국에 도입하려고 했을 정도로 상당히 의미 있는 것으로 평가되고 있습니다.

그런데 이 전국민 건강보험제도는 민간보험이 아니라 전국민에게 국가가 관리 감독하는 공적 부조 제도입니다. 자본주의 사회에서는 수익자 부담원칙으로 도저히 상상할 수 없는 제도입니다. 이것은 사회주의를 주장하는 국가들이 자신들의 전유물적인 정책이라고 주장해 온 것입니다. 심지어 사회민주주의 성격을 띤 복지선진국이라는 북유럽 국가들조차 이런 제도를 운영하지 못하고 있습니다.

자본주의와 자유민주주의를 신봉했던 박정희 정부가 사회주의 정책을 채택한 것입니다. 그럼에도 불구하고 박정희 전 대통령과 정부는 보수 정부, 심지어 최근에는 꼴보수, 골통 보수(정부)라고 비판하는 사람들이 있습니다. 그런 부류의 사람들은 진보정부들이 내세우는 전국민 보편복지를 실시했음에도 불구하고 박정희 정부를 여전히 보수 정부라고 말하고 있습니다. 보수와 진보에 대한 올바른 인식이 없는 주장이라고 생각합니다.

진보 이념과 정책은 어떻습니까?

진보도 마찬가지입니다. 주거 문제를 한 번 볼까요. 의식주 문제는 인간의 기본권으로 모든 이념들이 가장 근본적이고 중요한 것으로 간주합니다. 입고, 먹는 문제는 그나마 조금 더 용이하게 해결될 수 있지만 주거는 토지와 시간과 돈이 많이 필요하기 때문에 가장 어려운 문제 중의 하나입니다. 그래서 진보 이념이나 정부에서는 이 문제를 아주 중요하게 다루면서 진보이념의 우선적인 실천 덕목으로 꼽습니다.

자본주의는 최소한의 국가 개입과 최대한의 시장을 통해 해결책을 모색하지만 사회주의에서는 철저한 국가개입을 통해 해결하고 진보를 표방하는 국가와 정책은 이를 신봉하고 있습니다.

우리나라 경우를 보면 주택 문제를 더 많이 해결해 줄 수 있을 것으로 믿었던 소위 자칭 진보 정부에서 오히려 실패하였다는 평가가 나오고 있습니다.

경제정의실천시민연합(경실련)의 발표(민주화 이후 역대 정권 서울 아파트 시세 변화분석, 2020년 7월 21일)를 보면 서울시내 25평 기준 아파트 값 상승액이 김영삼 정부 동안에는 26%, 김대중 정부 73%, 노무현 정부 94%, 이명박 정부 -13%, 박근혜 정부 27%, 그리고 문재인 정부는 53%(2020년 5월 기준. 2020년~2021년의 급등세를 감안하면 더 많이 증가하였을 것임. 경실련은 2019년 10월 '문재인 정부가 역대 정권 중 집값 최고 상승'이라는 보도자료를 내기도 했음)가 증가하였다고 발표하였습니다.

적어도 문민 정부 등장 이후 진보를 표방하던 정부에서 아파트값이 더 많이 상승하였음에도 불구하고 자칭 진보를 표방하는 사람들에게 주거문제 해결이 진보의 전유물이라는 생각은 아직도 유효한 것처럼 주장하고 있습니다.

경실련의 통계를 보면 오히려 보수를 표방하던 정부들이 보금자리주택, 행복주택, 공급확대 정책 등을 통해 주택 문제에 관해서는 더 진보적이었음을 알 수 있는 대목이라고 할 수 있습니다.

진보와 보수라는 이념이 늘 동일하지 않다는 말이군요.

그렇습니다. 진보라고 해서 늘 약자와 덜 가진 계층만을 대변하고 진보적인 정책만을 추구한다거나, 보수라고 해서 항상 힘세고 돈 많은 사람들을 위하면서 현상유지 정책만을 펼치지 않는다는 말입니다.

그럼에도 불구하고 우리나라에서 진보나 보수는 그 이념이 영원히 변하지 않는다는 잘못된 신념을 가지고 살고 있다는 현실이 참으로 안타깝습니다.

이념에 대해 제대로 공부하지 않았던 일반인들은 그렇다고 이해할 수도 있지요. 그렇지만 이념에 대해 공부하였거나 심지어 이념을 철썩 같이 믿고 따랐던 자칭 얼치기 지식인들이 꽉 막힌 생각을 고수하면서 다른 사람들을 속이고 농락하는 것을 볼 때 한심하기조차 합니다. 심지어 화가 치밀어 오르기도 합니다.

자칭 진보 이념을 대변한다고 하는 사람들이 자신들이 보수화되었음에도 불구하고 여전히 자신들을 진보의 화신으로 생각하고 있습니다. 또 보수 정부에서도 정통 보수를 벗어나 진보적 정책을 추진하면서도 여전히 자신을 보수라고 주장하고 있는 안타까운 상황이 지속되고 있습니다.

저는 진보와 보수는 늘 변화할 수 있으며, 또 보수와 진보의 변증법적 발전을 통한 다이나믹한 변화를 수용할 때 국가발전은 물론 역사발전을 가져올 수 있다고 생각합니다. 그런 과정에서 4류 정치에서 벗어난 일류정치를 구가하는 선진화된 대한민국, 성숙한 대한민국이 만들어질 수 있다고 생각합니다. 영원한 진보도 없고, 영원한 보수도 없다는 인식처럼 이념의 성격 혹은 속성은 항상 변화한다는 진화된 사고체계가 일류 정치의 근간입니다. 이념을 교조적으로 생각하고 꽉 막힌 틀을 강조하는 것은 4류정치입니다.

법치주의와 제도도 일류 정치의 중요한 기준이라고 하셨죠?

네 그렇습니다. 앞에서 지적한 바와 같이 법치주의는 '법의 지배'를 철저하게 지키는 통치라고 할 수 있습니다. 여기에는 형식적이고 실질적 법치주의를 모두 포함하는 진정한 의미의 법치주의를 말하는 것이지요. 다시 말하면 절차적 합법성과 내용의 정당성을 모두 갖춘 법치주의를 말하는 것입니다. 저는 이것을 '공정한 법질서'라는 말로 표현하고 싶습니다.

여기서 법은 제도의 핵심 구성요인이자 일부이기 때문에 법치주의를 말할 때 법을 근거로 만들어진 올바른 제도 또한 반드시 포함되어야 하는 요인입니다. 특히 일류 정치를 애기할 때에는 반드시 동전의 양면 같은 법과 제도를 주요한 잣대로 언급하여야 합니다.

법은 우리사회를 지탱하는 마지막 도덕적, 현실적 보루라고 해도 과언이 아닙니다. 많은 분들이 법치, 원칙 등을 말하면 고리타분하고 꽉 막혀 숨이 차다는 말씀을 하십니다. 그러면서 사람 사는 세상이 융통성도 있고, 적당히 넘어가는 맛도 있어야 사람 사는 맛이 난다고들 합니다. 그럴 수도 있습니다.

그렇지만 지나간 우리 현대사를 볼 때 이 말은 꼭 맞는 말은 아닙니다. 오히려 그런 인식 때문에 사회가 더 어지럽고, 불편하고, 불만으로 가득 차게 된 측면도 많으니까요.

특히 우리나라에서만 볼 수 있는 독특한 법을 빙자한 법문화가 있습니다. 우리가 속된 말로 '법 위의 법'이 되어버린 '국민정서법', '떼법'이 어느 순간 우리사회에 슬그머니 자리 잡고 앉아서, 만능적인 권위인 냥 행세를 하고 있지요. 이런 것은 오히려 국민들을 불편하게 만들었습니다. 따라서 일류 국가가 되려면 이런 억지는 더 이상 우리 사회에서 발붙이게 해서는 안됩니다.

법과 원칙은 사회적 강자가 군림하기 위한 수단이 아니라, 모든 사람이 함께 더불어 살아가는 공정한 민주사회의 기초라는 법인식과 그에 기반한 제도를 만들어 운영하여야 합니다. 왜냐하면 선진국들이 보여주는 일류 정치를 운영하는 국정운영의 기본이 바로 법과 원칙이기 때문입니다.

정책의 현실성도 4류 정치를 평가하는 잣대라고요?

그렇습니다. 앞에서 이념의 가변성을 인정하고 형식적이고 실질적인 의미를 모두 포함하는 법치주의인 공정한 법질서가 운영되는 것을 일류 정치라고 했지요. 이 두 변수는 크게 보면 하드웨어인 셈이지요. 집으로 치면 골조와 지붕, 외관을 의미할 수 있지 않을까 합니다.

그러나 컴퓨터, 전기·전자기기, 자동차, 건물, 집 등 모든 구조물과 장치들은 하드웨어와 더불어 소프트웨어가 구비되어야 제대로 그 기능을 수행할 수 있지 않습니까?

국가의 운영도 마찬가지입니다. 인체의 척추와 같은 이념이라는 가장 기본적인 대들보가 있고, 이것을 제대로 지탱할 수 있는 법과 제도가 보조 기둥으로 자리 잡을 때 국가라는 구조물이 모양을 갖추게 되는 것이지요. 여기에 더해서 전기도 들어오고, 상수도와 하수도가 설치되고, 다양한 기기들이 갖추어지면서 좀 더 그럴듯한 구조로 태어나겠지요.

그런데 이것만으로 국가라는 구조가 잘 운영될까요? 당연히 그렇지 않겠죠. 그 안에서 그 시설들을 여러 가지로 이용하여 실제로 우리 생활에 필요한 구조물로 생명력을 불어넣고 나서야 그 구조물인 국가가 의미 있는 행위를 하게 되겠지요. 그 시설들을 움직이는 행위가 바로 정책이라고 할 수 있습니다. 이것을 우리는 구조물의 소프트웨어라고도 할 수 있습니다.

그런데 정책이라는 것이 늘 동일한 것으로 작용할 수는 없습니다. 시대 변화에 따라, 상황변화에 의해 소프트웨어는 당연히 보완되고 늘 새롭게 보충되고 보완될 때, 국가라는 구조물이 제대로 발전적으로 역할을 할 수 있습니다. 만약 그렇지 않고 오래된 정책들이 영원한 것으로 인식되어 새로운 것으로 변화시키지 않는다면 그런 국가라는 구조물은 낡고, 퇴색되어 제대로 작동하지 않는 것은 물론 심지어 흉물로 전락하게 됩니다.

4차 산업 시대로 진입하면서 새롭게 AI 기반에 맞춰 모든 것이 변화하고 있는데 아직도 아날로그 시대의 기기나 장비, 설비를 가지고 운영한다면 갈수록 빠르게 변화하는 상황에서 더 이상 작동하지 않게 되겠지요.

그런 점에서 일류정치는 정책의 개혁성, 혁신성, 변화가능성에 대해 철저하고 즉각적으로 대응해 가는 것이라고 수 있습니다.

4류 정치와 일류 정치를 단순하게 설명해주시죠

네, 여러분의 이해를 돕고, 저도 보다 간명하게 글을 쓰기 위해서 필요한 것 같습니다.

먼저 4류 정치는 경직된 이념적 집착, 형식 논리에 얽매인 법치를 올바른 법집행인 것처럼 국민들을 오도하면서, 낡고 고집스러운 정책에 기반하여 교조주의적 정치를 운영해 가는 정치라는 생각이 듭니다.

양의 머리를 내어놓고 실제로는 개고기를 판다는 양두구육(羊頭狗肉)의 정치현상이 4류정치입니다. 과하게 말하면 사기꾼 정치가 4류 정치입니다. 좀더 점잖은 말로 하면 3권분립이 안된 사회, 공무원이 제대로 역할을 하지 않는 사회, 더욱 더 교묘한 형태로 진화하고 있는 부패가 만연한 사회, 그리고 어떤 인연으로든지 패거리 정치를 일삼는 정치가 4류 정치입니다.

반면에 이념의 유연성을 가지고, 형식적이고 실질적인 법과 제도를 공정하게 운영하면서, 시대적 변화에 잘 조응하는 정책적 현실성을 적극적으로 운영하는 것이 일류정치이며, 일류 국가라고 할 수 있습니다.

보수와 진보의 입장이 변화하고, 그것을 받아들이고, 적극적으로 활용하는 정치가 일류 정치입니다. 이런 점에서 영원한 보수도, 영원한 진보도 없다고 생각하고 행동하는 것이 일류정치입니다.

부와 권력, 일자리, 명예, 그리고 바람직한 가치를 공정하게 배분하고 나눠먹는 정치와 사회가 일류정치이고 일류국가입니다. 열린 사회, 개인 존중 사회가 일류 정치입니다. 일류 정치의 핵심은 인기보다는 원칙이고, 기본적 원칙하에 무한한 성장가능성을 보여주는 것이 바로 일류 정치입니다. 4류정치는 이와 정반대의 정치라고 생각하면 되겠지요.

한마디로 말하면 노멀한(normal, 정상적인) 국민의 행동이 가장 기본적이면서도 보편적인 사회가 일류국가라고 할 수 있습니다.

그러면 4류정치를 극복하기 위한 대안은 있습니까?

네, 당연히 있습니다. 제가 앞에서 4류정치는 어떤 정치인가를 규정하면서 일류정치, 일류국가가 무엇인지 제시했지요. 그런 과정에서 4류정치를 극복하고, 일류정치로 나아갈 수 있는 방안들이 자연스럽게 제시될 수 있다고 생각합니다.

4류정치를 극복하기 위한 방안은 아주 많을 수가 있지만 저는 가장 중요하면서도 결정적인 요인으로 지도자의 역할, 두 번째로 정책, 그리고 세 번째로 개인의 역할 등 크게 세 가지를 들고 싶습니다.■

시대를 이끄는 당당한 지도자

우리 사회에서 지도자는 정치에서 2%, 경제에서 5%, 사회에서 3% 정도입니다. 어떤 철학을 가지고 있는지, 인성은 어떤지, 합리적 정책판단 능력은 어떤 수준인지, 미래지향적인 사고능력과 실천의지는 어느 정도인지, 그리고 어느 정도나 국민과 함께하는 평등의식을 갖추고 있는지가 그들을 평가하는 중요한 기준입니다.

셋

시대를 이끄는 당당한 지도자

지도자는 어떤 사람을 말하나요?

앞에서 잠깐 언급한 바와 같이 지도자는 4류정치를 극복하고 일류정치, 일류국가를 만들어 내는데 가장 중요하고 핵심적인 요인입니다.

그런데 여러분이 지도자는 '남을 가르쳐 이끄는 사람'이라는 사전적 의미를 모르기 때문에 질문한 것은 아닐 겁니다. 그러나 우리가 지도자는 어떤 사람일까 라고 자문하거나 반문할 때에는 여러 가지를 생각할 수 있겠지요.

저는 아주 단순하게 말한다면 오늘 하루 종일 한 일 가운데 미래를 위해 한 게 있는 사람이 지도자가 아닐까 생각합니다. 그러면 여러분이 제게 다시 묻겠지요. 이 세상 사람들은 거의 대부분 미래를 위해 현재 일하고 생활하는 것이 아닙니까? 라고 말이지요. 맞습니다. 그러나 제가 여기서 말하는 미래는 개인은 물론이고 국가와 국민 모두의 미래를 의미합니다. 그렇게 미래의 의미를 되새겨 놓으면 얘기는 달라질 수 있겠죠?

저는 적어도 본인이 지도자라고 말을 하거나, 다른 사람으로부터 지도자라고 평가받을 자격이 있는 사람은 바로 미래지향적 사고와 행동을 하는 사람이라고 말하고 싶습니다.

지도자를 이렇게 규정해 놓고 보면 그동안 우리사회에서 지도자라고 불렀던 사람 중에서 과연 어느 정도가 여기에 속할 수 있을까요? 제가 좀 많게 말하면 정치분야에서는 한 2%, 경제분야에서는 5%, 그리고 사회문화 분야에서는 3% 정도가 아닐까 합니다.

제가 볼 때 이 정도의 인물들을 제외하고 자칭 혹은 타칭 지도자라고 불리는 사람들은 대부분 얼치기, 자칭 좌파 혹은 진보팔이, 또는 우파팔이 정도의 우파, 그리고 진보, 보수를 앞세운 기득권 추종세력들 뿐입니다.

실생활에서 지도자는 구체적으로 어떤 사람들 인가요?

우리는 지도자라고 하면 으레 대통령만을 지칭하는 것으로 오해하고 있습니다. 물론 대통령은 최고 정책결정자로서 가장 중요한 지도자라고 할 수 있습니다. 그러나 대통령 혼자서 모든 것을 할 수 있었던, 또 할 수 있다고 생각했던 시기는 지나갔고, 반드시 지나가야만 합니다. 그 이유는 민주주의가 발전하고 사회가 더욱 전문화, 세분화됨에 따라 대통령 이외에 다른 지도자들도 사회와 국가의 정책결정과정에서 중요한 역할을 하기 때문입니다. 그런 점에서 본다면 우리 사회에서 지도자는 크게 세 분야로 나눌 수 있습니다.

먼저 정치적인 차원의 지도자입니다. 대통령, 국회의원, 2급 이상 판사와 3급 이상의 사법부 간부, 지자체 단체장(도지사, 시장, 군수, 구청장), 시도의회 의원, 정당의 국장급 이상의 핵심 당료, 교육감, 그리고 중앙부처의 서기관(4급, 과장급) 이상의 관료들이 여기에 속합니다.

여러분은 정치적인 차원에서 중앙부처의 과장(4급 서기관) 이상의 관료를 지도자로 분류한 것에 대해 의아하게 생각할 수 있을 것입니다. 그 이유는 실제로 정부 정책의 상당 부분이 바로 서기관급의 과장들에 의해 대부분 결정된다고 볼 수 있기 때문에 이들을 지도자로 분류하여야 합니다.

다음으로 경제적 차원에서는 중앙부처의 서기관 이상의 경제 관료, 기업의 대주주와 대표이사(CEO, CFO 포함), 임원 이상의 정책결정 집단의 인사들이 중요한 지도자라고 할 수 있습니다.

끝으로 사회적인 차원에서는 사회문화단체의 단체장, 주요 사회문화 단체의 정책결정자, 사회·문화인 중에서 소위 정상적이고 합리적인 차원의 인플루언서(influencer)로 평가되는 사람들을 지도자로 분류할 수 있습니다.

이 부류에 드는 사람들이 우리사회를 이끌어가는 데 있어서 중요한 역할을 하기 때문에 그들 자신들은 물론 그들을 바라보는 우리들도 그들에 대해 상당한 관심을 가지고 볼 필요가 있습니다.

그렇다면 비율을 지나치게 낮게 잡은 건 아닌가요?

그럴 수도 있지요. 그렇지만 제가 규정한 지도자 기준을 엄밀하게 놓고 본다면 지도자라고 얘기를 들었던 분들이 섭섭해 할 수 있지만 저는 그것도 후한 평가라고 생각합니다.

정치지도자 중에는 자유민주주의와 법치주의에 기초하여 대한민국의 건국과 발전, 그리고 민주화 과정에서 있었던 극소수를 제외하고는 대다수가 국가와 민족이라는 이름을 팔아 자신의 이익을 챙기는데 급급하게 살아온 사람들이라는 생각이 듭니다. 그래서 제가 2%의 정치지도자들만이 지도자 소리를 들을 수 있다고 본 것입니다. 특히 4류 정치를 넘어 일류 정치의 기준에서 본다면 그 보다 더 적을 수도 있습니다.

정치분야와 달리 경제분야를 보면 제가 경제분야 전문가가 아니기 때문에 경제분야에서의 지도자를 평가하는데 한계가 있을 수도 있습니다. 그러나 우리나라 경제에서 공적인 책임의식 하에 자유주의 시장경제와 자본주의, 그리고 국민들에게 편익을 제공한 기업인이나 경제관료들 중에서 5% 정도는 지도자 소리를 들을 만하다고 생각됩니다. 이 분들이 없었으면 아직도 우리나라는 개도국이나 심지어 후진국에 머물러 있었을 겁니다.

한편 여러분들은 요즘처럼 K-POP 등 한류가 전세계적으로 유행하고 있고, 시민사회의 활동이 활발함에도 불구하고 사회문화 분야의 지도자의 수를 상당히 적게 잡지 않았나 하고 의아해 하시죠? 그렇지는 않습니다. 그 이유는 대한민국 건국 이후 70년 이상이 지났지만 그동안 우리나라의 시민사회 형성과 발전수준이 여전히 낮기 때문이라고 봅니다. 유럽에서는 중세 봉건 시대와 산업혁명을 거치며 다양한 형태의 시민사회가 등장했지만 우리는 안타깝게도 그런 역사적 배경이 없었기 때문입니다. 거기에 더해 권위주의 정부가 상당 시간을 집권하였었고, 민주화 된 이후에는 자기 잇속만 챙기는 시민사회가 팽창하였기 때문입니다. 사회문화 분야에서 상당한 발전이 있었지만 진정으로 국가와 민족의 미래를 내다보는 활동이 지극히 저조했기 때문에 미래를 생각했던 사회문화 지도자는 3% 정도가 아닐까 생각합니다.

그렇다고 매일 미래를 위해 일한 사람 모두 지도자는 될 수 없잖아요?

당연합니다. 모든 사람들이 지도자가 될 수도 없고, 그럴 필요도 없습니다. 저는 우리나라 국민 중 상당수가 지도자의 자질을 이미 갖추고 있다고 생각합니다. 그렇지만 그 자질을 드러내서 실생활에서 지도자로 살아간다는 것은 다른 얘기입니다. 지도자는 우리가 인정하는 것이기도 하지만 스스로 지도자가 되기 위하여 노력하는 부분이 반드시 있어야 합니다. 그런 점에서 지도자로 평가받는 것은 상당히 어렵습니다.

더욱 중요한 것은 지도자는 그렇게 많지도 않고, 또 많아야만 되는 것은 절대 아니라는 점입니다. 오히려 제대로 되지 않은 사이비 지도자들이 많을 때 '사공이 많으면 배가 산으로 올라간다'는 속담처럼 그 조직이나 국가가 제대로 역할을 하지 못했던 것을 우리는 역사에서 많이 봐 왔지요.

그런데 다른 한편으로 올바른 지도자가 없어도 물 위에서 움직여야 할 배가 산으로 올라가 국가와 사회를 망친 경우도 있습니다. 독재자가 등장하여 민주주의를 짓밟고, 개인의 인권을 말살하는가 하면, 경제적 안목이 없어 국민들을 굶겨 죽이는 지도자를 우리는 지금도 보고 있지 않습니까? 그들은 지도자의 탈을 쓴 지배자들일 뿐입니다.

그래서 우리는 올바른 지도자를 만나야 국가를 발전시키고, 우리들이 덜 고생하며 살 수 있습니다. 이왕 태어난 인생이라면 조금 더 풍요롭고, 평화롭고, 가치 있는 삶을 살아야 되는 것 아닐까요? 그런 점에서 우리는 지배자가 아닌 지도자가 필요합니다.

그러면 어떤 인물들을 지도자라고 인정해야 하나요?

일반적으로 지도자는 여러 가지를 골고루 많이 갖춘 사람이라고 생각할 수 있습니다. 예를 들면 공부도 잘하고, 경제적인 안목도 있어서 부를 축적하는 능력도 있고, 거기에 인품도 바르게 성장하여 남에게 귀감이 될 만한 행동만 하면서, 주변을 잘 배려하면서도 자신은 책임감과 도덕성이 뛰어난 사람을 지도자라고 생각하기 쉽습니다. 그런데 이런 바람직한 덕목을 모두 갖춘 지도자를 만나기란 쉽지 않고, 좀더 박하게 말하면 이런 소양을 갖춘 지도자를 찾기란 하늘의 별따기 정도로 어렵습니다.

그동안의 우리나라의 경험이나 다른 국가들을 볼 때에도 우리가 기대하는 모든 요인들을 골고루 갖춘 지도자는 그렇게 많지 않습니다.

미국에서 노예제 폐지와 남북전쟁 후 화해를 통해 국가를 통합하는 정책을 주장하여 자유, 평등, 민주주의의 상징으로 추앙받는 에이브러햄 링컨 (Abraham Lincoln) 대통령도 변호사였지만 흑인 노예를 한 번도 변호한 적이 없고, 노예제 폐지를 정치적 수단으로 이용하였으며, 자신을 비판한 언론을 탄압하였고, 인신보호영장 정지 등으로 국민의 자유와 인권을 유린했다는 비판도 있습니다.

제가 가장 존경하는 세종대왕도 훈민정음을 창제하고, 의정부 서사제를 통한 왕권의 분산, 여러분이 잘 아는 장영실 등을 등용하여 과학기술을 발전시키고 국가의 문물을 융성시킨 훌륭한 지도자였습니다. 그러나 다른 한편으로 그 성격에 있어서 논란의 여지가 있지만 세종의 명(明) 나라에 대한 사대외교는 부정적 측면으로 꼽히기도 합니다.

이렇듯 우리가 희망적이고 규범적인 차원에서 말하고 있는 그런 지도자는 아마 불가능할지도 모릅니다. 절대자인 신이나 대부분의 사람들이 인정하는 탁월한 종교 지도자만이 그럴 수도 있습니다.

그럼에도 불구하고 우리가 4류 정치를 넘어 일류 정치로 발전하기 위해서, 또 일류 정치를 유지하기 위해서 지도자는 몇 가지 덕목을 반드시 갖추어야 한다고 생각합니다.

그러면 현실적으로 지도자는 어떤 덕목을 갖추어야 하나요?

저는 지도자는 국가의 미래를 위한 철학, 상식적인 수준에서 허용되는 바른 인성, 합리적으로 정책판단을 할 수 있는 지적 수준, 미래지향적 사고 능력, 그리고 국민들과 함께 할 수 있는 평등 의식 등을 갖추어야 한다고 생각합니다.

더 많은 요인들을 골고루 다 겸비하면 좋겠지만 현실적으로 그것이 불가능한 상황에서 지도자는 거창할 필요는 없지만 위에서 제시한 다섯 가지 요인은 반드시 갖추어야 지도자라고 말할 수 있습니다. 그래야 우리들이 그 지도자를 인정하고, 그가 내놓은 정책을 지지할 수 있다고 생각합니다. 제가 언급한 다섯 가지는 일반 국민들이 가질 수 없는 특별한 능력이나 탁월한 업적을 말하는 것은 아닙니다.

철학을 가장 우선적으로 꼽으셨군요.

네, 그렇습니다. 제가 앞에서 4류 정치와 일류정치를 비교하면서 일류정치는 이념의 유연성을 가지고, 형식적이고 실질적인 의미의 법치주의를 모두 포함하는 법과 제도를 공정하게 운영하면서,

시대적 변화에 잘 조응하는 정책적 현실성을 적극적으로 운영하는 정치이며, 그렇게 운영되는 국가를 일류국가라고 말했지요.

그러면서 이념의 가변성 인정과 공정한 법질서라는 하드웨어와 개혁성, 혁신성, 변화가능성을 가진 정책이라는 소프트웨어가 구비되어야 일류정치라고 말할 수 있다고 언급한 것도 기억하실 겁니다.

제가 지도자의 가장 중요한 덕목으로 지도자의 철학을 꼽은 이유는 철학이 일류정치, 일류국가를 구현할 수 있는 가장 핵심적이며 기본적인 요인이기 때문입니다. 또한 그것은 지도자의 하드웨어면서 소프트웨어이기 때문입니다. 자신의 인생은 물론 국가와 세계를 바라보는 분명한 입장과 시각이 있어야 미래를 운영할 수 있는 정책이 나올 수 있습니다.

개인의 영역에서 볼 때 철학은 가치관이나 인생관으로 나타나지요. 우리 모두는 각자의 인생관과 가치관이 있습니다. 그럼에도 불구하고 당신의 가치관 혹은 인생관은 무엇이냐고 질문을 받으면 이내 망설여지고 주춤하게 됩니다.

내 아내와 자식들과 함께 큰 어려움 없이 여행도 하고 맛있는 거 먹으면서 사는 삶도 있습니다. 또 반려동물과 함께 나만의 만족을 느끼며 살아가는 방식도 있습니다. 좀더 거창하게 인류를 위해 무엇인가 도움이 될 만한 일이나 개발을 하며 살고 싶은 경우도 있고, 국가와 민족, 세계 평화를 위해 기여하려고 하는 삶도 있을 수 있으며, 사회 구성원들의 인권 보호를 위한 활동에 전념하거나 난민과 빈민들의 삶을 개선하는데 노력하는 것도 또 하나의 가치관이나 인생관이 될 수 있습니다.

많은 사람들이 이러한 생각을 갖고 살아가고 있습니다. 그런데 그것에 대해 왜 선뜻 자신 있게 답변하지 못했을까요? 그것은 철학이라는 단어가 좀더 거창하고 뭔가 남에게 내세울만한 것이어야 한다는 생각에서 나왔기 때문이 아닐까 합니다.

철학이 거창한 것이 아니라는 말씀이군요?

맞습니다. 네, 저는 철학자들이 들으면 섭섭해 하거나 저를 무식한 사람으로 평가할 수도 있지만 제 생각으로 철학은 거창해야 할 필요가 없습니다. 좁게는 개인, 넓게는 세계에 대한 인식과 그것을 실천하려는 의지가 철학이라고 생각하기 때문입니다. 우리가 철학을 어렵게 생각하는 것은 개인과 세계에 대해서는 잘 이해하고 있지만 그것에 대한 인식을 구체화 하지 못했거나 혹은 그 인식을 실현시키려고 하는 의지가 부족했기 때문에 철학이라는 말을 어렵게 생각하는 게 아닐까 합니다.

그러면 왜 우리 모두가 철학을 가지고 있으면서도 지도자라고 불리지는 못했죠? 아, 네, 그 이유는 간단합니다. 저는 지도자의 철학과 일반인들의 철학이 다른 것은 국가와 국민을 위한 미래라는 의미가 내포된 철학인가, 아닌가의 차이라고 생각합니다.

개인들은 자신들의 삶에 국한되거나 치중하여 가치관과 인생관을 실현하는 것에 주안점을 두고 있습니다. 이와는 다르게 지도자는 개인을 넘어 국가와 국민, 그리고 세계에 대한 미래지향적 생활과 관계에 대해 좀더 깊게 생각하고, 그 관계를 실천하려는 의지를 갖고 행동해 나가는 사람이라고 생각합니다.

특히 여기서 중요한 사실은 지도자가 복잡하게 얽히고설킨 국가와 국민, 세계에 대해 정확하게 인식을 하지 못하거나, 하더라도 바람직한 미래를 위해 합리성과 객관성, 실현가능성을 무시한 인식은 허상이고 허망일 뿐이라는 점입니다.

모든 구성원들이 지도자 인식에 대해 철저하게 동의하지는 않더라도 그런 인식이 타당하며, 그것을 실현하려는 의지에 공감하며, 그 행동에 대해 이해하고 지지를 보낼 때 지도자의 철학은 특별히 의미를 갖게 됩니다. 그런 철학이 바로 한 국가를 운영할 때 필요한 하드웨어이자 소프트웨어로서 역할을 할 수 있는 지도자가 갖추어야 할 철학입니다. 그래야 일류정치, 일류국가를 실현할 수 있습니다.

그러면 일류정치를 실현하기 위해 우리나라 지도자가 갖추어야 할 철학은 어떤 것인가요?

네, 아주 좋은 질문입니다. 가장 중요한 철학적 입장은 자유민주주의에 대한 확고한 인식이라고 생각합니다. 자유민주주의는 민주주의와 (입헌적)자유주의를 결합한 것입니다.

여러분이 잘 아시는 것과 같이 민주주의는 서구에서 만들어진 것으로 영어로 데모크라시(democracy)입니다. 어원적으로 보면 그리스어 demos(인민, 다수)와 kratia(통치, 지배)가 합쳐진 말입니다. 다시 말하면 인민의 통치, 인민의 지배, 다수의 통치, 다수의 지배가 바로 민주주의 입니다. 여기서 말하는 인민을 요즘 용어로 바꾼다면 당연히 국민이 되는 것이겠죠.

그런데 이 다수라는 말이 논란이 됩니다. 자유민주주의를 신뢰하고 지향하는 국가에서 다수는 계급, 신분, 지역, 종교, 인종에 구애됨이 없이 모든 국민의 다수를 이야기 합니다. 어떠한 차별도 없는 다수의 지배가 민주주의라고 인식하고 있습니다.

반면에 공산주의 혹은 사회주의를 신봉하고 지향하는 국가에서는 다수가 계급적으로 극소수의 자본가 계급, 즉 착취계급을 제외하고 억압받고 착취당하는 프롤레타리아 계급, 요즘 용어로 말하면 노동자만을 의미합니다. 그리고 착취당하는 노동자 계급이 그동안 착취를 해왔던 극소수의 자본가들에 대해서 독재를 행사하는 정치, 그들 사회에서는 그것을 프롤레타리아 독재라고 하면서 이것이 인구의 절대다수를 차지하는 노동자들에 의한 다수의 지배이고 민주주의라고 주장합니다.

용어상으로는 동일한 민주주의라는 용어가 내용상으로는 완전히 다른 의미를 가지고 있지요? 그래서 여기서 자유주의, 입헌적 자유주의가 중요한 매개변수로 등장하는 것입니다.

민주주의와 더불어 자유주의 철학이 중요하다는 말씀이군요?

그렇습니다. 여러분도 잘 아시다시피 자유주의는 개인적 자유와 자유로운 인격 표현을 중시한다는 사전적 의미를 가지고 있습니다. 중세의 봉건영주와 로마 카톨릭의 종교적 지배로부터 벗어나서 경제적 자유와 종교적 자유를 기초로 태동한 자유주의는 15세기 말부터 현재까지 전세계의 보편적 사상으로 자리 잡아 오고 있습니다.

특히 정치적으로 자유주의는 모든 사람들의 법 앞의 평등, 권력의 분립, 불편부당한 사법권을 주장하고 있습니다.

오늘날 자유주의는 자유롭고 공정한 선거, 법에 의한 모든 시민들의 동등한 권리와 기회가 보장되는 민주주의를 지지하며, 민주주의가 도입된 전세계 대부분의 나라에서 자유주의를 표방하고 있지요.

제가 자유주의를 말하면서 입헌적 자유주의라는 용어를 사용하였는데요, 그것은 실질적이고, 형식적 법치주의, 즉 법의 지배하에 인권, 평등, 자유를 보장하는 체제를 의미합니다. 개인이 권리만을 주장하는 마구잡이식의 자유주의가 아니고, 또 자유주의의 탈을 쓴 방종이 아닌 공정하고 평등한 법적 테두리 안에서의 자유주의라는 의미입니다.

여기에 더해서 자연적인 인구 증가에 따라 직접 민주주의가 불가능해 진 상황에서 다수를 대신하는 대의 민주주의가 민주주의인데, 다수를 대신하는 것은 공정하고 자유스러운 선거를 통해 유권자의 권리를 위임한 대의 민주주의가 정당한 것입니다.

입헌성이 자유주의를 더욱 강화시키는군요.

네 그렇다고 볼 수 있지요. 여기서 입헌적 자유주의는 자유주의적 입헌민주주의체제라는 형태로 좀더 구체화됩니다. 이 체제는 '소수자에 대한 평등의 배려와 관심'을 헌법적 가치의 주된 지향점으로 제시하는 체제입니다.

그리고 자유주의적 입헌민주주의체제는 법과 정치의 이원적 대립구도를 통해서 경쟁적이고 혹은 적대적인 다원화된 정치적 공간을 '다원주의의 평화로운 공존'으로 전환시키려고 노력하는 것을 의미합니다. 의견 대립은 치열할 수 있지만 그것이 평화롭게 공존하는 수준에서 이루어진다는 것입니다.

이런 점에서 본다면 지도자가 갖추어야 할 자유주의 철학은 자유민주주의적 헌법적 가치에 근거하여 현실적으로 그것이 유지되고 운영되는 체제라고 할 수 있습니다.

지구상에서 프롤레타리아 지배를 통한 다수의 지배가 일류정치나 일류국가를 실현한 예는 없습니다. 반면에 일류정치와 일류국가를 유지하고 있는 국가들은 자유민주주의를 통한 다수의 지배를 실천하고 있기 때문에 우리나라 지도자는 자유민주주의의 철학을 가지고 있어야 한다고 생각합니다.

그러면 자유주의 철학은 구체적으로 어떤 식으로 실현되나요?

지도자의 자유주의 철학은 다양한 형태로 나타납니다. 예를 들면 법적인 차원에서 자유주의는 실생활에서 법치주의를 엄격하게 운용하는 형태로 나타납니다.

우리가 시쳇말로 죄수들이 '유전무죄(有錢無罪), 무전유죄(無錢有罪)'라는 말을 한다고 합니다. 돈이 있으면 전관예우를 받는 변호사를 고용하든 아니면 다른 청탁 등을 통해 자신의 죄를 무죄 혹은 감형을 받도록 만들고, 반대로 돈이 없거나 적으면 판결에 영향을 미치는 변호사를 고용하거나 다른 구명활동을 하지 못함으로써 죄값을 고스란히 받는다는 말입니다. 그러나 실제로 법원에서의 판결은 엄격히 법에 따라 판결 받을 뿐 판사가 자의적으로 판결을 내리는 경우는 거의 없습니다.

그럼에도 불구하고 만약 범죄자 A에게 적용될 수 있는 법조항이 다섯 가지임에도 불구하고 변호사 등을 잘 고용하여 두 개 조항만으로 처벌을 받은 경우가 있다고 하고, 반면에 범죄자 B는 경제적인 이유나 다른 이유로 본인이 희망하는 변호사 대신 다른 변호사를 고용하여 다섯 개 조항 모두를 적용받아 판결을 받았을 경우, 범죄자 B를 포함하여 B와 연관이 있는 사람들은 법이 불공정하거나 불평등하다고 인식할 수 있습니다.

이것은 자유주의 철학이 실생활에서 제대로 적용되지 못한 경우입니다. 모든 범죄자에게 동일하게 법 적용을 한다면 이러한 비판적인 결과는 나오지 않겠지요.

또 다른 예가 있을까요?

네 국제관계를 통해서도 자유주의 철학은 나타나고 있습니다. 여러분도 잘 아는 것처럼 우리나라는 1945년 연합국의 도움으로 일제 강점기에서 벗어났으며, 자유민주주의를 기초로 만든 헌법에 근거하여 1948년 8월 15일 대한민국을 건국하였고, 그 대한민국은 유엔으로부터 한반도 유일 합법 정부로 승인받았습니다.

더욱이 우리나라는 김일성의 6.25남침으로 나라가 존폐의 위기에 있을 때 미국을 포함한 연합국의 도움으로 다시 일어나 전세계에서 유일하게 '국제사회로부터 원조를 받던 국가에서 2009년부터 원조를 해주는 국가'로, 더 나아가 2021년에는 유엔으로부터 선진국으로 평가를 받게 되었습니다. 2022년 우리나라 공적개발원조(ODA) 규모가 4조원을 넘어섰습니다.

특히 이 과정에서 대한민국은 1953년 미국과 상호방위조약을 체결하면서 전세계에서 몇 개 안되는 군사안보동맹을 맺었습니다. 여러분도 잘 아시는 바와 같이 동맹이란 동맹을 맺은 국가 내부의 요인에 의해서도 맺어지지만 기본적으로 잠재적 혹은 현재적 위협에 공동으로 대응하는 안보협력을 의미합니다. 좀더 단순하게 말하면 동맹의 일방이 적국으로부터 위협이나 공격을 받을 때 동맹국이 나서서 공동의 적을 무찌르는 것입니다.

한국과 미국은 바로 이런 동맹관계입니다. 그런데 이 동맹을 이어주는 가장 핵심적인 것이 자유주의, 자유민주주의라는 가치입니다. 한미 양국은 자유민주주의 가치동맹으로서 이것을 굳건히 지켜야한다는 의무를 가지고 있고, 양국의 지도자는 자유민주주의를 수호해야할 의무를 가지고 있다는 점에서도 한국의 지도자는 자유민주주의 철학을 신봉해야 합니다.

따라서 대한민국 지도자는 공산주의, 사회주의를 표방하고 그것을 실현하고 있는 러시아, 중국, 북한이 아닌 미국과 굳건한 동맹을 유지하여 자유주의 철학을 유지하는 것이 필요합니다.

경제에서 자유주의는 어떻게 운용되나요?

대단히 흥미로운 질문입니다. 일반적으로 우리는 자유주의 하면 정치적인 의미만 있는 것으로 생각하기 쉽습니다. 그러나 보다 단순하게 말하면 자유주의의 정치적 표현이 자유민주주의라면 경제적 표현은 자본주의라고 할 수 있습니다.

자본주의는 사유재산제를 바탕으로 이윤을 얻기 위해서 상품생산이 이루어지는 경제체제지요. 여기서 사유재산(특히 생산수단의 사유화)라는 것이 가장 기본적이고 중요한 개념인데, 그 사유재산이 법적인 차원에서 보장되는 체제가 자본주의입니다.

그런데 그 사유재산을 보장하는 것은 시장에서 개인의 자유로운 의지에 의해 수요와 공급이 이루어지고, 보이지 않는 손에 의해 가격이 결정되어 개인의 경제적 삶을 영위하는 체제를 통해 이루어집니다.

상품과 재화가 개인의 자유의지에 의해 자연스럽게 유통되고, 그것이 법적으로 보장됨으로써 자본주의가 제대로 작동된다고 할 수 있는데, 바로 이 과정에서 자유주의가 역할을 하는 것입니다.

법적인 차원에서는 물론이고 실질적인 차원에서 자유주의에 입각하여 개인의 자유가 철저하게 보장되고 유지된다는 점에서 자유주의는 자본주의 경제체제의 근간이 된다고 할 수 있습니다.

사유재산이 인정되지 않고 국가소유와 집단소유를 근본으로 하는 공산주의나 사회주의에서는 자유주의가 경제적으로 결코 운영되지 않습니다. 중국 같은 경우는 개혁개방 이후 사유재산을 용인하고 있지만 토지나 특정한 재화가 근본적으로 국가 소유이기 때문에 자유주의는 없습니다. 개인들이 아파트를 사거나 팔지만 그 토지는 국가소유이기 때문에 언제든지 국가가 소유권을 행사하면 개인은 하루 아침에 쪽박을 차고 거리로 내몰리는 경우가 발생합니다. 북한은 더 말할 필요도 없이 경제적으로 자유주의는 전혀 작동되지 않는 체제입니다.

이런 점에서 대한민국의 지도자가 되기 위해서는 자본주의를 철저하게 신봉하여 시장에서 자유롭게 수요, 공급이 이루어지고, 그에 기초한 가격이 결정되도록 운영되게 하는 자질이 필요합니다.

지도자의 두 번째 덕목으로 상식적인 수준에서 허용되는 인성을 드셨지요?

네 그랬습니다. 인간의 본래 모습은 성선설과 성악설로 나뉘고 있지만 그것을 평가하는 기준은 기본적으로 상식적인 수준에서 정해진다는 점에서 상식을 가진 인성이 필요하다는 것입니다.

인성은 개인의 내면적인 정서는 물론 외부로부터 자극에 대응하는 개인의 행동 양식을 포함하는 개념입니다. 우리들은 대부분 지도자라고 하면 남들에게 인자하고 자상하며, 늘 포용적이고 관대한 사람으로서 윗어른을 공경하며 아랫사람에게는 한없이 인정많은 사람이어야 하고, 국가와 민족을 위해서 기꺼이 목숨을 바칠 수 있는 사람이라는 생각도 함께 가지고 있을 것입니다. 아마 제 또래를 전후하여 선배 세대들은 대체로 이런 생각을 가지고 있다고 해도 과언은 아니라는 생각이 듭니다. 그런 인식이 하나의 문화

였으니까요.

그런데 이러한 인식을 충족시키는 지도자는 없었고, 앞으로도 불가능할 것입니다. 그것은 현실이라기보다는 우리가 그랬으면 좋겠다고 생각하는 희망이거나 혹은 당연히 그래야 한다는 규범적 차원의 평가이기 때문입니다.

그럼에도 불구하고 인성이라는 요인은 절대로 간과할 수 없는 굉장히 중요한 요인입니다. 특히 그 인성이라는 것이 상식적인 수준에서 허용되는 인성이라고 할 때는 더욱 그렇습니다. 상식이라는 것은 일반인들이 자기가 속한 공동체에서 대부분의 구성원이 특정한 행동이나 인식에 대해 모두 동의하거나 적어도 이해할 수 있다고 고개를 끄덕일 수 있는 수준이라고 생각합니다.

그 정도의 상식적인 인성은 누구나 갖고 있지 않나요?

그렇지요. 더욱이 그 정도라면 상식적인 수준의 인성이라는 것도 그렇게 어려운 것도 아닙니다. 개인적인 차원에서는 자기 부모님께 지극 정성으로 하는 효도는 아니지만 인간으로서 자신을 낳아 길러준 분들이 편찮으실 때 찾아뵙고 병원에 동행한다거나 그 분들이 생계를 이어갈 수 있게 돕고 보살피는 것입니다.

사회적인 차원에서는 재난을 당하거나 불가항력적인 요인으로 어려움에 처한 분들에게 온정을 베풀거나 자원봉사 등을 통해 공동체 구성원간의 호혜적인 행동이나 공동체가 잘 유지될 수 있도록 도리를 다하는 것입니다.

그리고 국가적인 차원에서 나라가 어려움이나 위기에 처했을 때 나의 개인적인 이익에 앞서 국가가 생존할 수 있도록 행동하는 것이 상식적인 것이라고 할 수 있지요. 왜냐하면 개인의 자유와 발전을 보호하고 보장해주는 국가가 없으면 개인은 아무런 의미가 없기 때문입니다.

특히 그것이 개인이나 가족의 차원에 국한하면 아직도 많은 분들이 상식적인 인성을 가지고 있지요. 그런데 그것도 최근에 와서는 과거와 사뭇 달라진 모습들이 나타나고 있고, 상식을 벗어난 것이 상식적인 것으로 변질되는 모습을 자주 볼 수 있습니다. 비정상이 정상적인 것으로 둔갑하여 '비정상의 정상화', '비정상의 일반화', '비정상의 보편화'가 나타나고 있고, 그것이 오히려 상식적인 것으로 인식되고, 자리 잡아 가고 있다는 생각도 듭니다. 다시 말하면 상식이 아닌 것이 상식이 되면서 상식적인 인성이 쉽지 않게 되었다는 말이지요.

그러면 지도자에게 적용되는 상식적인 인성은 어떤 것입니까?

저는 지도자의 가장 중요한 상식적 인성은 책임감이라고 생각합니다. 많은 지도자들이 선거철이나 중요한 행사장에서 그때, 그때 많은 말을 합니다. 지금까지의 사례를 보면 지도자라고 불리웠던 사람들의 말의 상당 부분이 제대로 이행되지 않았습니다. 지극히 무책임한 언행을 일삼았다고 할 수 있습니다.

최근의 사례를 예로 들으면 왜 내 때 이야기를 하냐고 하면서 발끈할 자칭 지도자들이 많을 것입니다. 그런데 지나간 이야기를 하면 그 때 그랬었나 하고 당시의 기사를 다시 찾거나 아니면 그랬겠지 하며 쉽게 지나칠 수 있기 때문에 우리들의 기억 속에 남아 있을 것으로 생각되는 최근의 사례를 들어 보지요. 과거에도 무수히 많았다는 것은 당연히 인정합니다.

박근혜 전 대통령의 탄핵논의가 한창 진행되던 2016년 12월 20일 당시 문재인 대통령은 "차기 대선에 출마해 집권을 할 경우 대통령 집무실을 광화문 정부종합청사로 옮기고 출퇴근하는 대통령이 되겠다는 입장을 밝히면서 대신 현재의 청와대는 일반 시민에게 개방, 열린 공간으로 국민에게 돌려주겠다"고 밝힌 적이 있습니다. 그 뒤 선거과정에서도 이 공약을 되풀이했는데 광화문으로 대통령 집무실을 옮기겠다는 약속은 박근혜 대통령의 불통의 시대를 끝내고 국민들과 소통에 힘쓰겠다는 취지라는 것으로 언론에 나왔습니다.

우리나라 최고 정책결정자가 되겠다는 후보로서 많은 사람들에게 획기적인 공약으로서 굉장히 의미 있는 발언이었습니다. 그런 만큼 많은 국민들이 기대하고 있었던 것도 사실입니다. 그러나 아시는 바와 같이 이 약속은 5년간 지켜지지 않았고, 2022년 3월 대통령에 당선된 윤석열 후보에 의해 반쪽 실현정책으로 결론이 났지요(윤석열 후보도 선거 과정에서 청와대를 버리고 광화문 대통령 집무실을 주장했지만 당선 후 경호 등 여러 가지 이유로 용산으로 이전했다는 점에서 반쪽만 실현된 정책이라고 말한 것입니다). 이런 것들은 책임감에 근거한 지도자의 상식적 인성이 잘 안보인 사례라고 할 수 있겠죠.

책임감에 근거한 상식적 인성이 보여진 사례도 있겠죠?

당연히 있습니다. 노무현 대통령이 상식적 인성을 보여준 사례가 있습니다. 한미 자유무역협정(FTA) 체결이 대표적인 일입니다. 노무현 대통령은 2007년 4월 2일 한미 FTA를 체결하면서 자신의 책임감을 보여주었고, 지도자로서의 상식적 인성을 발휘하였습니다. 다양한 계층의 많은 사람들이 시장개방에 대해 반대했지만 노무현 대통령은 후보 시절부터 국익을 위해서는 어떤 일이라도 마다하지 않겠다는 자신의 말에 대해 책임을 진 것입니다.

또한 민주당은 물론이고 환경론자들과 반미주의자들의 갖은 반대에도 불구하고 제주 강정마을에 해군기지를 건설한 것도 국익을 우선한다는 말을 이행한 좋은 사례라고 할 수 있습니다.

객관적인 차원에서 한미 FTA 체결이나 강정마을의 해군기지 건설은 상식적인 차원에서 우리나라에 훨씬 득이 되는 정책이었기 때문에 국익을 우선하겠다는 자신의 말에 책임을 진 것입니다. 지도자로서 상식적인 인성에서 가장 중요한 요인으로 생각되는 책임감을 보여준 좋은 사례라고 할 수 있습니다.

반면에 책임감을 내팽개친 지도자도 많지요?

네, 아주 잘 지적하셨습니다. 제가 볼 때 그런 일을 자행한 지도자들이 너무 많고, 또 본인들의 이름에 더 먹칠하는 것 같아 일일이 그 이름을 거론하지는 않겠습니다. 다만 그런 사람들이 했던 행동 패턴을 말씀을 드려보지요.

무책임한 지도자의 전형적인 모습은 고위 관료를 지낸 사람들에게 많이 나타납니다. 예를 들면 고위 관료가 되기 전에 보수나 진보인체 자신의 입장을 주장해 왔던 사람들이 그 정권의 성격은 불문하고 하루 아침에 입장을 바꾸어 고위 관료가 됩니다. 자칭 보수를 표방해왔던 인사는 자칭 진보 정부가 들어서서 자신을 불러주면 그동안 내가 언제 보수였느냐는 듯 날름 그 자리를 받아 먹습니다. 반면에 진보적이라고 행세하던 인사들 중에도 보수 정권에서 불러만 주면 언제든 달려가는 무개념 사이비들도 많지요.

그러다가 그 정부에서 임기가 만료되었던, 아니면 후임자 때문에 그 자리에 물러나면 본인이 재직했을 당시 정부에서 했던 말과 행동을 완전히 바꾸어 비판하기 시작합니다. 특히 성격이 다른 정부가 들어서면 더욱 그런 파렴치하고 낯 두꺼운 행동을 일삼습니다.

모든 분야의 관료들 중에 이런 모습을 보이는 지도자들이 있지만 제 눈에는 노동과 환경 분야, 외교안보분야에 재직했던 사람들이 그런 화나는 작태를 보이는 경우가 더 많은 것 같습니다.

우리사회의 노동 분야에서 민노총의 행동에 대해 찬반이 많습니다. 노동 분야의 장관이나 노동 관련 위원회의 위원장을 역임한 분들 중에는 퇴임 후에 민노총이 경제성장과 노사관계 발전, 그리고 비정규직이나 노조 미가입 노동자의 권익, 노노간 갈등, 그리고 귀족 노조 문제 등에 대해 책임이 많다는 얘기를 하는 사람들이 있습니다. 특히 노동 문제를 더욱 강조하는 자칭 진보정부에서 노동 관련 지도자의 역할을 한 사람들이 퇴임 후 이런 얘기를 하는 경우가 종종 있습니다.

저는 이런 사람들을 볼 때마다 부아가 치밀어 오릅니다. 본인들이 재직할 당시에도 그 문제는 여전히 존재하고 있었고, 오히려 상식에 한참 못미치는 행동을 하는 노조들에 대해 호의적인 정책을 폈던 사람들입니다. 그런데 퇴임하고 나면 마치 자신들이 있었을 때는 전혀 문제 제기를 하지 않다가 퇴임 후에 노조 문제의 심각성을 제기하는 뻔뻔스러움에 분노를 감출 수 없습니다. 이런 지도자들이 아직도 상당수 있다는 데에 문제가 더 큽니다.

그러면 도덕성도 지도자의 상식적인 인성에 속하겠네요?

그렇습니다. 사회 구성원으로서 그 사회에서 관습적으로나 실용적인 차원에서 통용되는 규범이나 행동준칙을 말하는 도덕성도 지도자가 갖추어야 할 중요한 요인입니다. 사실 도덕성은 여러분도 잘 아시다시피 지도자 뿐만 아니라 우리 모두가 갖추어야 할 삶의 덕목이지요.

우리는 흔히 금욕적이거나 이타적이고 살신성인하는 성직자들의 행동을 도덕성의 가장 대표적인 것으로 생각하고 있지요. 최근에는 그런 기대수준도 많이 낮아진 것이 사실이지만 그래도 성직자들이 도덕적이라는 인식에 대해 아직도 많은 사람들이 동의하는 사실입니다.

그런데 일반인들은 우리가 성직자들과 같은 도덕성을 유지하는 것이 쉽지 않기 때문에 최소한의 수준을 충족한다면 크게 이의를 제기하지 않고 넘겨 버립니다. 그것은 조금 불편한 진실이지만 우리가 현실에 지극히 충실하거나 혹은 타협하고 있다는 방증이기도 합니다.

그럼에도 불구하고 우리들은 적어도 정치 지도자들은 성직자에 버금가는 도덕성을 가지고 있어야 한다고 생각하고 있고, 또 그렇게 되길 바라고 있습니다. 그래서 우리는 선거과정이나 청문회 등에서 대통령이나 관료, 국회의원, 정치인들에게 도덕성, 그것도 엄격한 수준의 도덕성을 요구하곤 합니다. 그 이유는 정치 지도자가 국가는 물론 국민들의 현재와 미래를 결정하는데 핵심적인 역할을 한다고 생각하기 때문입니다. 또 국가와 국민은 역사가 존재하는 한 영원히 존재할 것인데, 그것을 지탱하는 정신적 지주가 바로 지도자의 도덕성이라고 믿기 때문입니다.

저도 여러분들과 같은 생각을 가지고 있습니다. 그러나 저는 정치지도자들이 반드시 성직자들과 유사한 수준의 도덕성을 갖추어야 한다고 말하고 싶지 않습니다. 더욱이 그런 생각에 동의할 수 없습니다. 이렇게 말하는 이유는 그런 기준은 현실적으로 불가능한 희망사항이거나 요구이기 때문입니다.

그렇다면 현실적으로 어느 수준의 도덕성이 필요한가요?

여러분도 잘 아시다시피 도덕성이라는 것이 상당히 추상적이고 동시대 사람들의 공통된 견해를 반영하는 부분이 있어 그것을 수치로 정확하게 계량화하지 못하는 한계를 가지고 있습니다. 그럼에도 불구하고 구성원 대다수가 고개를 끄덕일 수 있는 수준이라면 도덕성 척도는 어느 정도 해결될 것입니다.

가장 기본적인 것은 언어의 사용이겠지요. 말은 그 사람의 인격을 나타낸다는 얘기가 있습니다. 그 인격이 바로 도덕의 가장 중요한 부분을 차지하고 있기 때문에 언어는 상당히 중요합니다. 특히 지도자들에게 있어 언어는 생명 같다고 해도 과언이 아닙니다. 도덕성은 예의바른 행동이나 내면의 마음가짐을 외부로도 동일하게 생각하고 행동하는 것인데, 언어를 통해 나타난다는 말입니다.

누구나 자신의 감정을 여과 없이 드러내고 말할 수 있는 권리가 있습니다. 그렇지만 우리 모두가 자신의 생각이나 감정을 무턱대고 말로 전달하지는 않습니다. 그 이유는 그것이 공동체가 허용할 만한 수준인가, 아닌가에 따라 자신의 인격과 도덕성을 보여주기 때문인 거지요.

일반인들도 가족이나 친인척 사이에 다른 사람이 옆에 있든지 아니면 가족끼리만 있더라도 말을 아끼며 사용합니다. 특히 동서고금을 망라하고 가족이나 친인척 사이에 막말이나 상욕을 하는 것은 패륜적 행동으로 도덕성에 치명적인 평가를 받습니다. 하물며 지도자라고 평가받기를 원하거나 또 되려고 하는 사람은 더욱더 신경을 쓰는 것은 당연합니다. 여러분은 최근에 가족이나 심지어 여성 대통령에게 막말하는 정치 지도자들을 목격했었지요.

여러분의 기분은, 그 사람들에 대한 도덕적인 평가는 어땠습니까? 절제하고 최소한의 예의를 갖춘 언어 구사가 도덕성을 갖춘 제대로 된 지도자의 도덕성을 평가하는 잣대가 아닐까 생각합니다.

언어를 통해 도덕성을 보여주는 사례들은 많지요?

도덕적이지 않은 지도자들의 말은 차고 넘쳐 화가 날 때가 너무도 많은데, 여기서는 감정을 조금 누그러뜨리기 위해 다른 예를 들어 보겠습니다.

최근에 이런 기사를 본 적이 있습니다. 37만 5천원 짜리 휴대전화인데 언론 보도 때에는 "30만원대 핸드폰에 이런 기능이?" 라는 식으로 말하는 것을 보았습니다. 다른 상품 팔 때도 이런 경우가 너무나 많지요?

그런데 37만 5천원을 30만원대라고 하면 얼핏 생각하기에 30만원으로 착각할 수 있습니다. 30만원대라고 하면 30만 1원에서부터 39만 9,999원까지를 말하는데 심하게 말하면 제대로 된 값의 마이너스 20%에서 플러스 6%가량을 거짓말로 말하는 상술입니다. 아니 상술을 넘어 사기에 가깝다고 해도 과언이 아닙니다.

보통 1,000명 넘는 국민여론조사에서 오차범위를 ±3.5% 정도를 타당한 것으로 보고 있지요. 그런데 20%가 넘는 가격 변동치는 상식을 넘어 사기에 가까운 것이 아닌가요?

그런데 우리사회에 이런 사례를 아주 흔하게 보지요. 완전하게 틀린 것은 아니지만 소비자에게 혼돈을 주는 물건 파는 상술도 아니고, 신의로 국민들에게 대해야 하는 지도자들이 이런 일을 한다면 도저히 용납할 수 없는 것 아닐까요?

2022년 3월 대한민국 제20대 대통령 선거를 앞두고 우리사회에서 동일한 기간에 실시된 정치 지도자에 대한 지지도, 선호도 여론조사 결과가 여론조사 기관에 따라 정반대로 나오는 경우를 종종 볼 수 있었습니다. 그런 결과는 전적으로 여론조사 기관의 잘못이 크다고 봅니다. 여론조사 주체가 좋아할만한 결과만을 혹은 그런 결과를 만들기 위해 여론 조사를 편의적으로 했다는 생각이 듭니다. 그렇지만 이성적인 지도자라면 상식을 뛰어넘는 결과 중에서 자신에게 유리한 결과만을 고집하지 않을 것입니다. 자신에게 유리한 내용을 가지고 상대방을 비판하고 폄훼하는 말잔치는 그 지도자의 도덕성만 더욱 훼손하는 것이 아닐까요?

신뢰성 없는 말도 문제지만 지도자라는 사람들이 인륜에 어긋나거나 패륜적인 막말을 하거나 상욕을 포함한 상소리를 하거나 거짓말과 억지를 부리는 것도 지도자의 도덕적 결함을 나타내는 것이라고 생각합니다.

사법부 인사들의 도덕성 문제도 종종 지적되는 사항이지요?

그렇습니다. 우리는 흔히 사법부는 우리사회에서 최고의 도덕성과 합리성, 객관성을 가진 집단이고, 그래서 그들도 여기에 충실하려고 노력하는 지도자들이라고 평가해 왔습니다. 그런데 최근에 와서 그런 평가를 스스로 망가뜨리고, 심지어 부정하면서 자신들도 세간의 막무가내 지도자들과 유사하게 만든 사례들을 종종 볼 수 있게 되었습니다.

2011년 어떤 부장판사가 자신의 페이스북에 '가카새키 짬뽕'라면 사진을 올려 이명박 전 대통령을 연상하도록 하면서 비하하는 의미의 패러디물을 게재해 법원장의 서면경고를 받았습니다.

이런 표현을 놓고, 법원은 법관이 의견을 표명함에 있어 품위를 유지하고 신중하게 처신하는 것이 바람직함에도 불구하고 이 부장판사의 표현은 부적절하다고 평가했습니다. 이것은 법원 스스로 법관이 언어 표현에서 도덕성을 결여하고 있음을 지적하면서 자신들의 위상을 떨어드린 언행에 대해 경고한 것이라고 할 수 있습니다.

최근에는 법원의 도덕성이 땅속으로 가라앉은 사건도 있었지요. 법원의 최고 수장이라는 사람이 벌건 대낮에 거짓말은 한 것은 물론 그로 인해 '사법의 정치화의 끝판 왕'이라는 비판을 받는 일도 있었습니다.

김명수 대법원장은 2020년 5월 22일 어떤 부장판사가 담낭 절제 등 건강상 이유로 사표를 내려고 하자 "지금 (국회에서) 탄핵하자고 저렇게 설치고 있는데 내가 사표 수리를 하면 국회에서 무슨 얘기를 듣겠느냐"며 거부했습니다. 그러나 이런 사실이 언론에 보도되자 김 대법원장은 이와 같은 발언을 한 적이 없다고 공개적으로 부인했습니다. 그러자 해당 부장판사가 당시 김 대법원장이 한 말의 녹취록을 공개해 대법원장이 거짓말 했다는 사실이 백일하에 드러났습니다. 이 일로 직무유기로 고발당해 수사가 진행되고 있습니다.

법원의 최고 수장이 곧바로 들통 날 일을 거짓말로 덮으려 한 것은 우리 사회에서 법원과 판사들이 갖고 있던 도덕성을 송두리째 짓밟은 사법 폭거임에 다름 아니라는 생각이 듭니다. 또 대한민국의 법치주의의 근간을 무너뜨린 최악의 사례로 평가될 수도 있다는 생각도 하게 됩니다.

애국심을 파는 지도자의 도덕성은 더욱 큰 문제지요?

여러분 감성 팔이, 애국(주의)팔이 말을 들어본 적이 있지요? 가장 쉬운 예로 상품을 판매할 때 해당 상품의 품질이나 가격을 평가하고 소비자인 국민들이 구입하도록 하는 것이 아니라 국산품이니까 무조건 구입하고, 그것이 바로 애국이라는 논리를 강요하는 것을 의미하는 말이지요. 그동안 여러 기업들이 애국심이라는 감정을 유발하여 장사한 경우가 많았습니다.

그런데 최근에 와서는 기업 뿐만 아니라 가장 객관적이고 합리적이며 모범적이어야 할 정치 지도자들이 선동적인 정치 수단으로 애국심을 악용하는 경우도 상당히 많아졌습니다. 과거 히틀러의 나치 체제가 아리안 민족주의, 반유대주의를 악용하여 홀로코스트를 감행하는 등 독재정치를 한 경우가 대표적인 것이었는데 이런 현상들이 최근에 우리 사회에서 보여지고 있습니다.

학술적인 차원에서 말하면 심리학에서 문제의 원인을 자신이 아닌 남에게 돌려 안정을 찾는다는 귀인이론(attribution theory)이 여기에 맞는 설명수단이 될 수 있지 않을까 생각합니다.

애국심을 지나치게 악용하고 있군요.

그렇다고 볼 수 있지요. 터무니없는 억지 선동이 우리 사회에서도 등장하여 활개를 치고 있어 안타깝습니다. 말도 안되는 현상이나 사실을 두고 반일, 친일파 논리를 가져와 자신을 지지하는 것은 애국이고, 상대방을 지지하거나 동조하는 것은 매국이라는 틀에 상대방을 가두고 자신의 정치적 지위와 지지도를 높이는 수단으로 악용하는 경우가 상당히 많아졌습니다. 전형적인 포퓰리즘의 한 행태라고 보여지는데요.

이런 사이비 지도자들의 억지 언술이나 행동은 우리 국민들을 너무 무시하는 처사라는 점에서 더욱 화가 치밀어 오릅니다. 조금 심하게 말하면 애국심 악용은 국민을 모욕하는 명예훼손이라고도 볼 수 있지 않을까요?

중국에서는 일본제 자동차를 소유하거나 운전하는 사람들을 무차별적으로 공격하고, 심지어 자동차를 부수는 경우도 있었는데 그것이 바로 애국팔이의 전형으로 볼 수도 있습니다.

우리나라에서도 어떤 정치인이 일본과 교류하거나 일본 티셔츠나 바지 등을 구입하는 경우를 보면서 상대방을 반일, 친일파, 토착왜구 등으로 폄훼하면서도 자신은 티셔츠나 바지 값의 수천 배나 되는 일제 자동차를 소유한 경우도 봤지요.

어처구니없는 애국팔이의 전형이 자유민주주의 국가인 우리나라에서도 버젓이 벌어지는 것이 안타까울 뿐입니다. 그런 기사를 볼 때마다 숨이 턱턱 막히기도 하고, 화가 머리끝까지 솟구치기도 합니다. 그런 부류의 사이비 지도자, 양두구육의 지배자들을 어떻게 해결해야 할지 답답하기만 합니다. 책임감이나 도덕성 같은 인성은 없고 단순히 정치권력 장악을 위한 대단히 뻔뻔한 지도자들을 쉽게 볼 수 있다는 것이 속상할 뿐입니다.

그러고 보니 이념팔이라는 말도 있지 않나요?

그렇습니다. 최근 들어 정치지도자들이 이념을 국민 선동 수단으로 많이 활용하고 있습니다. 제가 4류정치의 개념을 설명하면서 언급했던 바와 같이 국가와 지도자에게 이념은 반드시 필요한 덕목입니다. 그런데 그 이념에 투철하지도 않고, 그것을 잘 알지도 못하면서 겉으로만 번지르르 하게 이념을 팔아먹는 사이비, 가짜 지도자들이 많아졌습니다.

본인들은 절대로 보수도 아니고, 진보도 아니면서 마치 보수인 냥, 진보인 냥, 우파인 체, 좌파인 체 허울을 쓰고 그것을 국민들에게 팔아먹는 것을 자주 보게 되어 참으로 부아가 치밀고, 어이가 없을 뿐입니다. 그들은 좌파도, 우파도, 진보도, 보수도 아닌 이념의 탈을 쓴 악질 기회주의자들일 뿐입니다.

노무현 전 대통령이 생전에 "대한민국은 정의가 패배하고 기회주의가 득세한 나라였다"고 혹평한 때가 있었습니다. 그로 인해 논란이 불거졌던 일도 있었지요.

저는 좌우 대립의 혼란 속에 1948년 자유민주주의와 시장경제를 근간으로 한 건국 과정, 산업화 과정, 민주화 과정을 거쳐 온 자랑스러운 대한민국의 역사 전체를 그렇게 평가하는 것에는 동의하지 않습니다. 아마도 노무현 전 대통령도 대한민국 역사 전체를 그렇게 보지는 않았을 것입니다.

그러나 1948년부터 2023년 오늘까지 흘러오면서 기회주의가 득세한 시기가 분명히 있다고 생각합니다. 아니 어떻게 보면 그 기회주의는 더욱 증대하여 이제는 국민분열의 한 축까지 담당하고 있는 것은 아닌가 하는 생각마저 듭니다. 기회주의 척결이 쉽지 않기 때문입니다.

모든 국민이 평등하고 공정한 과정을 거쳐 함께 잘 사는 사회를 만들자는 좌파의 이념이나 개인의 자유를 최대한 보장하면서 공정한 경쟁을 통해 개인과 사회의 부를 충족시키자는 우파의 이념은 모두 나름대로 의미를 가지고 있다고 생각합니다.

좌파거나 우파거나 모두 개인의 삶을 윤택하게 하고 행복지수를 극대화하자는 목표는 비슷하다고 생각합니다. 단지 어떤 방법을 통해서 그런 사회를 구현할 것인가에서 다르다고 생각합니다. 평등을 강조할 것인가 아니면 자유를 좀더 우선할 것인가의 차이일 뿐입니다.

그런데 자신은 마치 좌파인체 하면서 자신의 이익만을 극대화한다거나 아니면 우파인냥 처신하면서 본인만 잘 먹고 잘 사는 사이비 지도자들이 있다는 것에 분통이 터질 따름입니다. 이들이야

말로 이념팔이의 기회주의자들이라고 생각합니다.

진보팔이, 보수팔이의 기회주의자를 말씀하시는군요.

그렇습니다. 최근에 대단히 역겨운 사이비 이념팔이 정치지도자들이 무척 많아졌습니다. 과거에도 분명히 이념팔이 지도자들은 있었습니다. 단지 우리가 그동안 그 정도가 심하지 않았고, 우리 스스로 이념을 잘 몰랐으며, 이념이 갖는 의미를 간과했기 때문에 적당히 넘어갔었던 거지요.

그러나 산업화, 민주화를 거치면서 지적 수준이 향상되고, 사회를 보는 눈도 넓어지면서 우리 국민들이 이념에 대해 이해하기 시작했고, 이념이 갖는 중요성을 인식하게 됨으로써 변화가 나타났습니다. 겉으로는 이념을 넘어 실용을 강조하고 있지만 실제에 있어서는 이념에 더욱 의존하는 사회로 변화되고 있습니다. 더욱이 사이비 지도자들이 말하는 이념조차도 한층 더 왜곡하여 악용하고 있다는 점이 더 큰 문제입니다. 그래서 제가 여기서 그들을 진보팔이, 보수팔이 기회주의자들이라고 혹평을 하는 것입니다.

복지 분야에 그런 일들이 많은 것 같습니다.

네, 아주 잘 보셨습니다. 상당히 많습니다. 좌파 혹은 진보이념에서는 복지를 자신들만의 전유물인냥 생각하고 있습니다. 그러나 우파나 보수 이념에서도 복지를 다루고 있고, 특히 최근에 와서는 선거전략으로 더욱 적극적으로 활용하고 있습니다.

최근에 복지 확대가 유권자의 표를 획득하기 위한 자칭 진보 정치진영과 보수진영 모두에서 포퓰리즘으로 인해 나온 측면이 지배적이지만 기본적으로는 국민들에게 복지를 확대하는 것이 필요하다는 전제에서 제기된 측면도 간과할 수 없습니다.

이런 점에서 본다면 이제 복지는 더 이상 자칭 진보나 좌파들의 전유물은 아니고 보수를 표방하는 정당에서도 적극적으로 활용하는 득표수단임을 부정할 수 없습니다. 단지 복지의 혜택을 선별적으로 차등적으로 제공하느냐, 아니면 무차별적으로 전체국민 모두에게 제공할 하느냐의 차이입니다.

각 지자체 중심으로 지원되고 있는 출산장려 사업(임신, 출산 진료비 등), 영유아 지원 사업, 청년지원 사업, 노인 복지 혜택 등 우리 정부가 지원하고 있는 복지 지원은 복지 선진국이라고 불리는 북유럽 국가들에서조차 실시하지 않는 복지 혜택이 이제 우리

사회에서는 정부의 성격과 상관없이 실행되고 있고, 또 지극히 일반적이고 당연한 것으로 받아들여지고 있습니다.

그런데 진보팔이, 좌파팔이로 불리는 사람들은 아직도 복지는 자신들만 다루고 있고, 또 제공할 수 있는 정책이라고 말하면서 이념을 팔아먹고 사는 것이 아닌가 하는 생각도 듭니다.

이제 대한민국 국민들은 진보나 좌파, 보수나 우파를 팔아 자신들의 배만 불리는 이념팔이 기회주의자들에게는 더 이상 속지 말아야 할 것입니다. 그 기회주의자들은 참으로 나쁜 사람들이어서 순진하고 선한 국민들을 마냥 속이고 있습니다. 마치 그런 기회주의자들은 자신들만이 모든 것을 해결해 줄 수 있는 전지전능한 신이라고 생각하면서 말이죠.

합리적인 정책판단을 위한 지적능력도 지도자에게 필요하다고요?

네, 그렇습니다. 우리가 일반적으로 지도자는 공부를 잘하고 지적 능력도 뛰어나 모든 분야에서 다른 사람보다 월등히 훌륭한 정책을 수립하고 집행하는 사람이라고 생각하기 쉽습니다. 그러나 제가 앞에서 지도자는 전지전능한 사람이 아니라고 말씀을 드렸는데요, 지적 능력도 이와 비슷하다고 생각합니다.

저는 우리나라에서 지도자는 공부를 잘해서 소위 일류대학을 나온 사람이어야 한다는 생각을 전혀 가지고 있지 않습니다. 여러분들이 제게 겉으로는 당신도 다른 지식인들처럼 그렇게 말하면서 속으로는 소위 스카이(SKY) 대학 정도의 출신들이 지도자가 되어야 한다고 생각하고 있을 걸 하고 말할 수 있습니다. 저는 맹세코 절대로 그렇지 않습니다. 그럴 생각이었으면 이 책을 쓰지도 않았을 것입니다. 여러분도 만약 그런 생각을 가지고 있다면 이 순간부터 버려야 합니다.

출신 대학보다는 합리적이고 객관적인 판단을 할 수 있을 정도의 지적 훈련이 된 사람이 지도자가 되어야 한다고 생각합니다. 다양한 분야의 학문적 내용을 접해본 경험만 있으면 지도자가 될 수 있고, 그래야 합니다.

우리 속담에 “서당 개 삼년이면 풍월을 읊는다”는 말이 있지요. 개가 어떻게 서당에서 삼 년을 산다고 성인, 군자들의 고견을 읊을 수 있겠습니까? 그 말은 누구든 어떤 일에든 정성을 쏟으면 큰 이치를 깨달을 수 있다는 말이겠지요.

지도자는 반드시 일류대학을 나올 필요는 없습니다. 그러나 일정한 기간 동안 다양한 분야에서 현상을 바라보는 시각에 대해 생각하고 고민해보는 경험은 반드시 필요합니다.

어떻게 그것이 가능할까요?

저는 우리나라에서는 대학이 이런 경험을 할 수 있는 곳이고, 기업, 회사가 그것을 보완해주는 곳이라고 생각합니다. 대학에 들어가면 교양과정을 거치는데, 그 과정에서 동일한 현상을 각각의 학문분야에서 그들의 눈으로, 평가 잣대로 이해하게 하는 힘을 길러 줍니다.

또 회사에 들어가면 같은 일을 놓고도 해결방법이 다양하게 제시되는데, 그것을 익히는 과정도 지도자의 합리적인 지적 역량을 키워주는데 큰 몫을 합니다.

분야는 다르고 보는 시각은 상이할지라도 문제를 합리적으로 해결하여 특정한 결과를 내는 것은 비슷하다고 할 수 있습니다.

지도자의 지적 능력도 바로 그런 것입니다. 물가가 오르고, 집값은 어디가 천정인지 모를 정도로 계속 치솟고 있는데, 경제 성장은 정체되어 더 이상 일자리가 나오지 않아 청년들이 취업을 못해 사회의 다양한 병리현상이 오는 상황을 어떻게 해결할 수 있을까요?

일류대학을 나오고, 외국 명문 대학에 유학하여 우리가 말하는 소위 엘리트들이라고 하더라도 혼자의 힘으로는 절대 해결을 못하는 것을 우리는 많이 보지 않았나요? 다른 사람보다 화려한 경력이나 스펙을 아무리 많이 가졌다고 하더라도 잘 해결을 못합니다.

그렇다면 문제 해결을 위한 합리적인 정책 판단력을 가지고, 그것을 실제로 해결할 수 있는 인재들을 적재적소에 배치하고, 지도자는 그들이 내놓은 정책이 합리적인가 혹은 객관적인가를 평가해서 정책으로 제시하고 그것을 행정부에서 잘 집행하도록 하면 됩니다.

그런 판단능력은 일류대학 나오지 않아도 특정 문제에 대한 다양한 입장을 이해할 수 있는 능력이 있으면 충분합니다. 따라서 다양한 시각을 경험하고 해결책을 제시할 수 있는 대학 수업을 들었거나 기업에서 일한 경험만 있으면 가능하다고 봅니다. 지도자의 지적 능력이라는 잣대를 넘어설 것으로 봅니다.

합리적 정책 판단이라는 것은 무엇입니까?

아마도 합리적이라는 말을 조금 애매하게 생각하고 있어서 이런 질문이 나온 것이 아닌가 합니다. 합리적이라는 말은 우리가 잘 알듯이 지극히 쉬운 용어지요. 일반적으로 합리적이라는 말은 상식적이라는 말이고 그것은 사회 구성원 대다수가 그 정책이나 문제해결 과정에 대해 머리를 끄덕이며 이해하는 수준을 말하는 것입니다.

그러나 지도자가 갖추어야 할 합리적 정책 판단 능력에는 여기에 더해서 현재적 판단 뿐만 아니라 미래적 가치에 대한 판단까지도 포함되는 능력이라고 할 수 있습니다.

정책이라는 것은 정무적인 것과 산술적인 것으로 나눌 수 있습니다. 정무적인 정책이라는 것은 당장 현실적으로는 이익은 물론 손해를 볼 수도 있지만 장기적인 차원에서는 이익이 되거나 단기적인 갈등을 해결하는데 도움이 되는 정책을 의미합니다.

반면에 산술적인 정책이라는 것은 항상 이익만을 보는 플러스 정책만을 의미합니다. 그런데 현실생활에서는 그런 정책은 있을 수가 없습니다. 그럼에도 불구하고 인기영합주의적 지도자들은 그런 정책이 있는 것처럼 국민과 국가를 호도합니다.

합리적 정책판단에 더해 미래적 가치도 보는군요.

그렇습니다. 합리적인 정책 판단 능력이라는 것은 정책을 추진하는 과정에서 그 효과가 떨어졌다가 다시 올라가기를 반복하는 부침이 있지만 장기적인 차원에서는 긍정적으로 발전하는 정책임을 알아차리는 능력입니다.

특정한 정책이 지나치게 비판받지 않을 것이라는 정무적 판단에 근거한 정책이나 또 장기적인 차원에서 우상향의 곡선을 그리는 정책을 채택하는 능력이 바로 합리적인 정책 판단 능력입니다.

이러한 입장에서 비록 당장은 손해를 보더라도 “그럴 수 있어” 하고 국민들이 생각하거나 혹은 “그래 장기적으로 그 정책이 옳았던 것이야” 하고 역사적인 판단을 받을 때 대다수의 국민들이 그 정책에 대해 합리적이라고 평가할 수 있을 겁니다. 우리가 바라는 지도자는 이와 같이 반드시 합리적인 정책 판단을 할 수 있는 지적 능력이 있어야 한다고 생각합니다.

합리적 정책 판단 능력의 사례를 하나 들어주세요.

네, 각자의 합리적 판단기준이 다르기 때문에 칼로 무 자르듯이 합리적 정책 판단능력에 100% 부합되는 사례는 없을 수도 있습니다. 그러나 최근의 정책에서 합리적 정책 판단능력을 볼 수 있는 사례가 있습니다.

환경부는 코로나19 팬데믹으로 시행을 잠시 유예한 뒤 지난 2022년 11월 24일부터 카페, 식당, 제과점 식품접객업 매장 내 1회용품(주로 컵) 사용 제한 금지 정책을 재개했습니다(1년간 참여형 계도기간 운영중).

이 정책은 소비패턴의 변화와 플라스틱 제품사용 증가에 따른 환경을 보호한다는 차원에서 만들어진 규제입니다. 환경오염이 주는 지구 황폐화를 막거나 늦추기 위한 정책으로 상당히 의미 있는 정책이라는 점에는 의심의 여지가 없습니다. 이런 점에서는 합리적인 정책의 측면을 가지고 있지요.

그런데 정말로 1회용 컵 사용 금지가 환경을 개선하는지 판단하려면, 단순하게 생각해도 일반컵을 세척하는 데 소요되는 물, 세제 사용으로 인한 환경오염 증가와 비교해야 합니다. 카페 안에서 음료를 마시다 테이크아웃 해 일반 컵과 1회용 컵을 번갈아 사용하면 환경 비용이 두 배로 발생한다는 사실도 고려했어야 하는 것이 아닌가 합니다.

1회용품 규제는 1회용품 사용의 문제점과 규제의 당위성만 얘기할 뿐, 세제 사용, 설거지 비용, 1회용품을 쓰려는 소비자와 직원(업주)와의 갈등 등을 고려하는 문제도 고려했어야 합니다. 환경을 보호하려는 따뜻한 가슴은 있는데 냉철한 두뇌는 없었던 것이 아닌가 하는 생각도 드는 것이 사실입니다.

영국의 경우 1회용 비닐봉투를 규제하자 여러 번 쓸 수 있는 튼튼한 비닐봉지 사용이 증가하면서 되레 비닐 쓰레기 총량이 늘어나는 부작용이 발생하였다는 평가를 내린 경우가 있었습니다.

식품접객 매장의 1회용품 규제가 환경오염을 정말로 줄여주는지 냉철한 판단이 필요하다는 말입니다. 올바른 합리적인 정책 판단이라면 1회용품 사용 규제로 나타날 수 있는 부작용이나 비현실적인 부분까지도 고려하는 것이 필요하고 지도자는 그런 판단을 해야 합니다.

지도자는 문제의 본질을 뜯어 고치는 능력이 필요합니다. 뒤치다꺼리, 뒷수습은 지도자의 몫이 아닙니다. 본질적인 문제를 던지고 그것을 수습하려는 지혜가 필요하다는 말입니다. 해당 정책에 대해 지속적으로 문제점과 해결책을 포괄적으로 마련하는 능력이 지도자에게는 필요합니다. 그것이 일반인과 지도자가 다른 것입니다. 지도자도 정책만 만들었다고 마냥 시행 시간만 기다리면 올바른 합리적 정책 판단 능력을 지녔다고 볼 수 없을 것입니다.

미래지향적 사고 능력과 실천의지도 중요한 요인이지요?

그렇습니다. 아주 중요한 지적입니다. 대부분의 정치 지도자들은 선거철이나 혹은 특정한 일이 발생하면 심각하게 고민하지 않은 정책들을 마구 쏟아냅니다. 특히 실현가능성이 거의 없는 단발성, 단기적, 심지어 순간적인 갈증해소 정책을 제시하는 경우가 많습니다.

한 낮의 뜨거운 사막에서 타는 듯한 목마름을 해소하는 것은 시원한 물과 그늘이 있는 오아시스겠지요. 그러나 그곳에 영원히 머물 수는 없고 다시 이동해야 하는 사람들에게 오아시스를 이동하는 내내 갖고 다니지 못하기 때문에 그것은 순간적인 해소일 뿐입니다.

특히 국가의 장기적인 진로와 연관된 정책일 경우에는 단견적인 정책이나 시각은 더욱 문제가 될 수 있습니다. 여러분도 아시는 바와 같이 지도자들은 대부분 적어도 10년, 20년, 30년 이상을 내다보고 정책을 결정하는 분들입니다. 그렇기 때문에 미래지향적 사고 능력은 대단히 중요한 지도자의 덕목이라고 할 수 있습니다.

미래지향적 사고 능력은 상상력이 풍부하다고 나오는 것이 아닙니다. '티끌모아 태산'이라는 말도 있고 '모방은 창조의 어머니'라는 말도 있습니다. 하나하나가 소중하고 그 하나들이 모여서 큰 성과를 낼 수 있다는 말이겠지요.

존경받는 훌륭한 지도자는 미래지향적 사고능력을 잘 배양해야 합니다. 가장 중요한 것은 다양한 분야의 책을 두루 읽어 기초적인 교양을 쌓고, 특히 소위 철학이라고 하는 본질적인 삶의 가치와 이념을 확고히 하는 능력을 기르면서, 좀더 구체적으로 전문성을 익힐 수 있는 훈련을 받고, 가능하다면 가장 초보적인 수준에서부터의 정책 결정과정에 참여하여 정책결정 과정은 물론 그 정책이 어떻게 집행되고, 결과는 어떻게 나타나며, 정책 수혜 대상들에게 어떤 영향을 미쳐 사회와 국가가 어떻게 변화되었는가 등의 전체 과정을 경험하는 능력이 필요합니다.

조금 원론적으로 들리는데요?

그럴 수도 있습니다. 구체적으로 말씀을 드려보겠습니다. 지도자는 어려서부터 다양한 분야의 책들을 많이 읽고, 대학에서 공부를 하거나 기업에 재직하면서 다양한 해결책을 찾을 수 있는 시각들을 갖추는 것이 필요합니다. 그리고 지방 기초의회부터 시작하여 시·도의회와 가능하면 국회의원까지, 혹은 기업의 신입사원부터 시작하여 가능하면 임원 수준 정도까지 각각의 위치에서 다양한 정책 결정과정에 참여하고 그 결과까지를 검토하고 평가하는 기회를 가지는 것이 필요합니다.

이러한 과정에서 지도자는 당장의 문제해결만이 아니라 미래의 가치나 성과까지도 계획하고, 평가하는 작업을 경험할 수 있을 겁니다. 그러한 훈련이나 학습과정에서 자연스럽게 미래지향적 사고 능력을 갖추게 됩니다.

예를 들면 아주 작게는 구립 어린이유치원 운영이나 구립도서관, 구립 교통약자배려를 위한 조례, 자치구의 세금 감면 조례 등에서부터 시작하여 국가적 차원에서는 임대차 문제, 국민 복지수당 문제, 사병 복무기간 문제, 에너지, 환경 관련 문제까지 정책결정과정에 참여하는 경험도 아주 중요합니다.

또 컴퓨터 판매 기업이라면 본체와 모니터를 어떻게 어떠한 사양으로 만들 것인지부터 시작하여 판매 전략을 수립하고 성과를 평가하고, 나아가 애프터서비스까지 다양한 과정의 정책결정과정에 참여해 본 경험이 지도자에게는 반드시 필요합니다.

지도자는 정책결정과정에 참여하면서 단순히 다른 사람의 의견만 따라간 것이 아니고 그 과정에 참여하여 자신의 의견을 제시하고 다른 사람의 의견을 들으면서 객관적이고 합리적이며 효율적인 정책을 만들어낸 것은 물론 이를 바탕으로 미래에 더 나은 정책이나 상품을 만들 수 있는 능력을 갖추게 된 것입니다.

이렇게 다양한 과정을 거치면서 미래지향적 사고를 하는 능력이 자연스럽게 향상될 수 있는 기회를 갖추게 됩니다. 그런 의미에서 지도자들에게는 이런 경험이나 능력이 반드시 필수적이라는 것입니다.

그래서 미래지향적 정책의 실천의지도 필요하군요.

그렇습니다. 평범한 일반인에서 다양한 경험과 능력을 갖춰 지도자가 되기 위해서, 또 지도자가 된 사람들은 국민들을 위한 정책을 제시합니다. 이렇게 제시되는 정책들은 당연히 미래 지향적인 정책들이지만 그 중에서 상당수는 유권자의 혀끝만을 자극하는 달콤한 포퓰리즘적 정책들입니다. 그 이유는 지도자들이 당선되기 위해서, 그리고 당선 이후에는 마치 자신들이 공약을 잘 지키는 사람들이라는 점을 강조하기 위해서 입니다.

그것들을 제외하면 전체 정책 중에서 20-30% 정도만이 미래지향적 정책이라고 할 수 있는데, 저는 이 정도만 되더라도 다행이라고 생각합니다. 이 정도 정책들만이라도 제대로 이행된다면 국가의 미래를 위한 기초를 놓는다는 점에서 최소한의 의미를 가지기 때문입니다.

문재인 대통령이 취임사에서 언급한 "기회는 평등하고, 과정은 공정하며, 결과는 정의로울 것"이라는 비전은 미래지향적 정책 성향을 가지고 있는 것이었습니다. 대단히 바람직하고 의미 있는 정책 지향이었지요. 그러나 과연 그것이 실현이 되었을까요? 아마 대부분의 국민들이 동의하지 않았을 거라고 생각합니다.

따라서 미래지향적 정책 제시보다 더 중요한 것은 그 정책을 제대로 실행하느냐 입니다. 대부분이 지도자들이 선거과정이나 임기 초반에 의욕적으로 미래지향적인 정책을 추진하지만 추진과 동시에 터져 나오는 기득권 세력의 도전, 정교하지 못한 정책대안에 대한 비판, 그리고 내부에서조차 정책에 대한 신뢰나 자신감의 결여로 인해 대부분의 미래지향적 정책은 주저앉고 맙니다. 그리고 여러 가지 색깔이 칠해져 전혀 다른 그림으로 탄생합니다. 지도자의 실천의지 부족이 상황을 완전히 다르게 변화시킨 것입니다.

구체적으로 사례를 하나 들어주세요.

네, 아주 민감한 문제인 연금개혁 문제를 살펴보겠습니다. 이명박 전 대통령은 후보 시절 세종시에 행정중심복합도시를 건설하겠다고 다짐하였습니다. 그러나 대통령에 당선된 이후 세종시 수정안을 내놓게 됩니다. 이에 대해 자유한국당(현 국민의힘) 박근혜 대표는 원안 고수를 주장하여 2012년 대선 당시 세종시에서 51.91%를 득표해 47.58%를 얻은 문재인 당시 민주통합당 후보를 꺾고, 대통령까지 되었습니다.

그러나 대통령에 당선된 이후 국가 재정은 물론이고 청년세대들의 향후 조세부담을 경감하고 연금에 대한 국민적 형평성을 증대시키기 위해 공무원 연금개혁을 실시했습니다. 그러자 세종시 건설 원안 사수에 지지를 보냈던 세종시(다른 지역에 비해 공무원 인구가 절대적으로 많은 지역)에서 공무원연금 개혁 뒤 치러진 두 번의 총선과 지방선거, 대선에서 새누리당(현 국민의힘) 계열은 단 한 번도 이기지 못했습니다.

박근혜 전 대통령은 미래에 공무원 연금 지급을 위해 모든 국민들이 더 많은 세금을 부담해야 하는 것이 옳지 않다는 생각에서 공무원 연금개혁을 단행했지만 그것으로 인해 지지도를 상실하고 자리에서 내려오는 결과를 초래했다는 평가들이 있습니다. 이런 평가는 분명하게 인과관계를 증명할 수 없지만 어느 정도 타당성이 있는 평가로 받아들여지고 있습니다.

박근혜 정부 이후에도 그 문제는 논란이 있지 않나요?

그렇습니다. 문재인 전 대통령은 후보 시절에는 사회적 협의 기구 구성을 통한 국민연금 개혁을 공약했지만, 2019년 8월 경제사회노동위원회에서 세 가지 개혁안을 마련한 뒤 별다른 논의의 진전 없이 개혁논의는 흐지부지 종료됐습니다.

2020년에는 정의당 김종철 대표가 공무원연금, 사학연금을 국민연금으로 통합해서 재정적자를 줄이고 공평한 노후를 만들자고 제안했었지만 이후 전교조, 전공노 등 정의당의 지지세력들이 반대를 표명하자 더 이상 논의를 이어가지 않았습니다. 2022년 대선에서 심상정 정의당 후보가 수정된 연금개혁안을 제시했지만 역시 노동계의 반대와 대선 실패로 무산되었습니다.

미래지향적 정책은 누구나 제시할 수 있지만 그것을 실천할 수 있는 의지와 용기는 다른 문제였지요. 과감하게 실천한 박근혜 전 대통령만 실제로 커다란 손해를 보는 격이 되었습니다.

그런 점에서 본다면 자신의 정치적 유·불리를 떠나 미래지향적 정책의 실천의지를 보여주는 참다운 지도자가 되는 것과 또 그런 지도자를 찾는 것은 매우 어려운 일입니다. 그래도 우리는 그런 지도자가 미래의 우리 후손들과 대한민국을 위해 반드시 필요합니다. 손해를 두려워하지 않는 진정한 지도자가 말입니다.

지도자의 마지막 덕목으로 국민과 함께 할 수 있는 평등의식을 제시하셨죠?

그렇습니다. 아시다시피 그동안 우리나라에서는 지도자들이 말로만 자신들을 국가의 공복, 국민의 심부름꾼, 심지어 국민의 머슴이라는 말까지 서슴지 않으면서 국민의 신하임을 자처해 왔습니다. 케네디(J. F. Kennedy) 대통령 같은 경우도 "국가는 시민의 하인이지 주인이 아니다"라고 했습니다.

이런 말들은 지도자가 국민 위에 군림하지 않고 오히려 국민들을 주인으로 섬기면서 국가와 국민을 위해 헌신하겠다는 뜻을 표현한 것이겠지요.

그러나 여러분 가만히 생각해 보십시오. 이런 평범하지만 훌륭한 말을 실천한 지도자가 우리나라에는 과연 몇 명이나 있었을까요? 앞에서 저는 지도자 중에서 제대로 된 정치지도자는 2%도 안 된다고 말했는데, 이 기준에 의하면 그런 지도자는 극히 일부에 지나지 않는다고 생각합니다.

저는 그동안 사탕발림만 해온 지도자들보다는, 또 국민 밑에서가 아닌 국민과 동등한 입장에서 국가와 국민을 위해 헌신하는 지도자라도 나왔으면 하는 바람을 갖고 있습니다. 더 이상 우리는 국민의 하인으로서가 아니라 우리와 함께 공감하고 소통하는 평범한 지도자가 대한민국의 지도자들로 채워졌으면 하는 생각을 가지고 있습니다.

거짓말하지 않으면서 국민과 함께 할 수 있는 평등의식을 가진 지도자가 바로 그런 지도자입니다. 그것은 어렵거나 힘든 일도 아닙니다. 이미 우리사회에 만연한 말들을 실천하는 지도자면 됩니다. 책임의식과 도덕성을 기본으로 하면서 국민들과 소통하고 공감능력을 마음껏 발휘하는 지도자가 바로 국민과 함께하는 평등의식을 가진 지도자입니다.

이미 지도자들이 국민과 소통하고 공감하고 있지 않나요?

네, 이미 그렇게 하는 지도자들도 있지요. 그런데 여러분들은 실제로 그들이 소통하고 공감하면서 살고 있다고 생각하십니까? 그런 지도자라고 자처하는 사람들에게 미안한 소리지만 저는 그런 지도자들은 말로만 국민과 잘 소통하고 있을 뿐이고, 현안들에 대해 공감하면서 정책을 추진하고 있다고 생각하지 않습니다. 실천의지가 결여되고, 또 행동이 아닌 말만 실천하는 껍데기 소통꾼일 뿐입니다.

국민과 소통한다는 말은 국민 모두를 일일이 만나서 하는 것을 의미하지 않는다는 것은 다 아는 것이지요. 그럼에도 불구하고 가능하면 국민들을 자주 만나고 그들의 생각을 들어보고, 특히 자신과 다른 입장을 가진 사람들과의 소통도 필요합니다.

선거철에는 전국의 시장을 돌며 상인들을 만나고, 거리에서 국민들과 만나 그들의 이야기를 듣는 척 합니다. 그러다가 선거에서 당선되고 나면 그 다음날부터 눈과 귀를 돌리고 닫습니다. 한 일 년쯤 지나면 이제 서서히 국민들 위에 군림합니다.

그러다가 임기 반 정도 지나면, 또 큰 일이 터지고 자신에게 불리한 일들이 발생하면 다시 국민과 소통하는 듯한 모습을 보입니다. 그러나 그것은 소통하러 나온 것이 아니라 소통을 빙자하여 자기변명이나 합리화를 위한 모양내기에 불과합니다.

그런 행태는 다음 선거가 돌아오면 극에 달합니다. 이제는 아주 세련된 소통쇼를 할 수 있는 겉만 번지르한 모습을 하고 나와서 국민들의 뒷통수를 보기 좋게 후려칩니다. 망치가 아닌 간교한 혀로 말이죠.

이런 것은 결코 소통도 아니고 공감도 아닌 고도의 술수이고 사기입니다. 그것은 단순하게 말하면 국가의 발전과 국민의 복리증진을 위해서는 어떠한 수단이나 방법도 허용될 수 있다는 마키아벨리(Niccolò Machiavelli)의 주장에 충실함에 다름 아닙니다. 마키아벨리가 『군주론』에서 말한바와 같이 사이비 지도자들은 사자의 발톱을 숨기면서 여우의 간교함을 드러내는 것에 지나지 않다는 말입니다.

그러면 어떠한 것이 진정한 소통이고 공감입니까?

선출직 정치지도자라면 당선된 순간부터 후보자 당시와는 차원이 다른 정도의 일들을 합니다. 그래서 무척 바쁩니다. 그 점은 인정해야 합니다. 그러나 바쁘다는 사실과 국민과 소통하고 공감한다는 것은 다른 문제입니다.

그 바쁜 것이 국민들을 위한 것이라면 더욱 그렇습니다. 저는 그래서 지도자들은 틈만 나면 국민들을 만나서 그들의 이야기를 듣고, 그들과 공감하는 활동을 해야 한다고 생각합니다. 그 과정에서 지도자가 미래지향적 정책을 제시하고 추진하는 것에 대해 설명도 하고, 이해도 구하며, 지지도 얻는 일들을 해야 한다고 생각합니다. 마치 유세 때처럼 대통령은 전국을 돌면서, 국회의원은 지역구를 훑으면서, 그리고 자치단체장이나 기초의회 의원들은 지역을 샅샅이 살피면서 소통을 해야 합니다.

선거철에는 지나가는 국민들이 싫다는 표정을 지어도 다가와서 악수하고 명함 돌리고 웃으면서 인사하다가 선거가 끝나면 다음날부터는 아예 길거리에 보이지가 않습니다. 선거 끝난 다음 날은 당선된 지도자가 거리에 안보여도 피로가 누적되어 하루 쉬어야겠지 하면서 이해할 수 있습니다. 그러나 그 다음날부터는 다시 거리로 나와서 국민들과 소통하려는 노력을 해야 되지 않겠습니까?

저는 지금까지 이런 지도자들을 본 적이 없습니다. 대통령 당선자는 현충원에 참배하고 언론에 나와 감사인사를 하는 것으로 모든 것을 마치고 맙니다. 국회의원이나 지방자치단체장, 기초의회 의원들은 소통쇼 조차도 하지 않습니다. 지하철 역 부근에서 시장에서, 심지어 아파트 앞이나 주택가 골목에서 선거기간 동안 시끄럽게 돌아다니던 모습은 어디에서도 찾아볼 수 없습니다. 우리 속담에 화장실 갈 때와 갔다 왔을 때 다르다는 말을 정치 지도자들에게서 너무도 자주 보고 있습니다.

국민과의 직접 대면이 중요한 소통의 기준이라는 말이군요.

그렇습니다. 가장 중요한 소통은 일단 서로 얼굴을 마주보는 것입니다. 모든 국민, 모든 지역구 주민을 다 볼 수 없습니다. 그렇지만 여기 저기 다니면서 국민들을 마주 하다보면 국민들이 지도자들의 진정성을 파악할 수 있을 것입니다.

이렇게 대면하고 말을 하다보면, 지도자는 군림할 수 없고, 또 군림하려는 마음도 생길 수 없을 것입니다. 반면에 이런 모습을 보는 국민들은 지도자가 우리와 소통을 잘하고 있고, 우리와 동등한 사람이라는 평등의식을 자연스럽게 느끼게 될 것입니다.

실제로 현장을 가서 보지 않고, 현장의 목소리를 듣지 않고 하는 정책은 실현가능성과 성공 가능성이 상당히 낮은 책상머리 정책일 수밖에 없습니다. 그런 정책을 내놓은 지도자들이 말하는 소통은 입으로만 하는 소통이고, 자기들끼리만 하는 소통이며, 국민을 지배하기 위한 소통일 뿐입니다.

최근에 본인 스스로 친일세력이라고 평가한 그 정당의 간부도 했었고, 국회의원도 이곳저곳 넘나들면서 몇 번씩 하였으며, 독립유공자단체의 장으로 근무했던 사람이 자신이 좌우 정당을 넘나들면서 철새 정치인으로 활동한 것에 대해 자신은 생계형이라면서 터무니없는 막말을 했던 사실이 있습니다. 이런 사람들은 자신만 알고, 또 살 궁리만 하는 '생존의 법칙'만을 강조하는 지도자입니다. 국민과 소통하지 않는 사이비 소통 지도자일 뿐이라는 생각이 듭니다. 이런 사람은 국민과 평등하다는 의식보다는 눈속임, 귀속임을 통해 국민 위에 군림하고 사욕에만 눈먼 사람입니다.

우리는 이러한 지도자 보다는 '생활의 법칙'에 충실한 지도자가 필요합니다. 그런 지도자는 규칙을 준수하고 국민들과 함께 생활하면서 공존의 가치와 지혜를 갖춘 지도자로서 진정한 소통과 국민과의 평등의식을 가진 지도자라고 할 수 있습니다. 지도자는 권력에 굶주린 인간의 모습이 아니라 진정으로 시민을 주인까지는 아니더라도 함께 더불어 살아가는 사람이라는 것이지요.

국민과의 평등의식은 거창한 것은 아니군요?

그렇습니다. 지극히 단순하게 생각한다면 우리 손으로 뽑은 지도자도 하루 밥은 세끼 먹고, 잠자고, 가족들과 함께 지내는 평범한 일상을 가진 사람일 때 그 지도자는 국민과 평등의식을 공유한 지도자입니다. 국민들 위에 군림하지 않고 위세 떨지 않으면서 국민과 유사한 일상을 보내는 지도자들이 국민과 평등의식을 가진 지도자입니다.

단지 그 지도자가 일반인이 아니라 지도자라고 평가받는 이유는 그 사람의 매일 매일의 말과 행동이 국가와 국민들을 위해 헌신하며, 미래지향적 정책과 가치에 근거하고 있으며, 그것을 매일 실천해가고 있다는 사실입니다.

우리들은 각자가 먹고살기 위해 매일 열심히 일하고 있고, 그것들이 하나하나 모여 국민과 국가를 위한 행동으로 이어질 수 있습니다. 단지 우리들은 매일, 그리고 모든 행동을 국가와 국민을 위해서, 그리고 미래지향적으로 행동하는데 한계를 가지고 있을 뿐입니다.

우리가 지도자라고 인정해주는 것은 비록 우리가 낸 세금이지만 우리들의 모자람을 채워주고, 한계를 벗어나 더 값진 결과물을 만들어 내기 때문입니다. 우리가 현실에서 채울 수 없는 결핍이 생길 때 상상을 시작하듯이 지도자도 우리의 한계를 채워줄 수 있을 때 필요한 것이지요. 그렇기 때문에 지도자는 우리보다 우월한 사람이 아닌 우리와 평등한 것입니다.

그동안의 많은 자칭, 타칭 지도자들은 그것을 망각하고 우리들을 지배하는데 정신이 팔려있었기 때문에 국민과 평등의식을 공유한 지도자가 적게 보였던 것입니다.

물고기가 물을 떠나서는 살 수가 없듯이 아무리 훌륭한 지도자라고 하더라도 국민들과 동떨어져 있거나 국민 위에 있거나 심지어 국민들 밑에 있어서도 안 됩니다. 지도자는 우리와 동등한 지위와 생각과 행동을 하는 사람, 국민과 평등한 의식을 가진 사람이어야 하고, 그래야 지도자로서 성공할 수 있습니다.■

변화를 선도하는 정책

정책은 국가의 하드웨어를 빛나게 하는 소프트웨어입니다. 변화를 두려워하지 않은 국가분야의 정책정향, 사심없는 정당분야의 정책정향, 보편적이면서 미래지향적인 사회분야의 정책정향, 그리고 평등가치, 공정가치에 근거한 개인분야의 정책정향이 서로 어우러져 변화를 선도하는 정책을 만들고 실천하는 것이 일류정치입니다.

넷

변화를 선도하는 정책

양화(良貨)가 악화(惡貨)를 구축(驅逐)하는 정책이 필요하다고요?

여러분들은 '악화가 양화를 구축한다(Bad money drives out good)'는 말에는 익숙하시죠. 순도가 낮은 돈(악화, 나쁜 돈)이 시장에 대량으로 유통되어 순도가 정상인 돈(양화, 올바른 가치를 갖고 있는 돈)을 줄이거나 시장에서 아예 축출해버린다는 말이지요. 나쁜 의미로 쓰일 때 '굴러온 돌이 박힌 돌을 빼내는' 것이지요.

지금은 지폐나 신용카드로 상품을 사고팔지만 과거에는 주화(鑄貨. 금, 은, 동 등을 재료로 만든 돈)가 주된 화폐였지요. 그런데 나쁜 세공업자들이 돈을 벌기 위하여 순도가 정상인 주화(금화 또는 은화)에서 금이나 은을 약간 긁거나 녹여내 질 낮은 주화를 새로 주조하거나 적은 크기로 순도가 낮은 주화(악화)를 만들어 통용시킴으로써 정상적인 순도의 주화(양화)는 시장에서 서서히 없어지게 되었습니다.

영국 여왕 엘리자베스 1세의 재정고문 겸 경제학자였던 토머스 그레셤(Thomas Gresham)이 여왕에게 "주화의 저질화가 영국 주화의 교환비율을 떨어뜨릴 것이며, 좋은 금화들이 영국에서 유출되고 있다."고 말하면서 '악화가 양화를 구축한다'고 경고하였습니다.

이 말은 지동설을 주장한 코페르니쿠스(Nicolaus Copernicus)가 먼저 사용했다는 지적도 있습니다. 어쨌든 '악화가 양화를 구축한다'는 말이 '그레셤의 법칙(Gresham's law)'인데, 이 법칙이 안타깝게도 경제 분야 뿐만 아니라 사회의 여러 분야에서 인용되고 있습니다.

그래서 제가 일류정치, 일류국가를 만들기 위한 정책에서 '악화가 양화를 구축한다(몰아낸다)'는 말을 뒤집어 '양화가 악화를 쫓아내는 정책'이 필요하다고 설명하는 것입니다. 좀더 쉽게 얘기하면 못된 굴러온 돌이 올바르고 제대로 된 돌을 뺄 수 없게 만들어야 일류 정치가 실현된다는 것을 강조하려고 합니다.

일류 정치가 되기 위한 정책은 어떤 것이 있나요?

저는 정책은 국가의 하드웨어를 빛내게 할 수 있는 소프트웨어라고 생각합니다. 일류 정치, 일류 국가를 만들기 위한 정책은 상당히 많습니다. 모든 정책을 언급할 수 없지만 크게 보면 국가 차원의 정책, 정당 차원의 정책, 사회 차원의 정책, 그리고 개인 차원에 해당하는 정책으로 분류할 수 있을 것 같습니다.

그러나 정책이라는 것이 특정분야에 한정적으로 적용되는 것이 아니라 유기적으로 얽혀있기 때문에 각각의 수준에서 수립되고 추진되는 배타적인 정책은 없다고 보는 것이 옳다고 할 수 있습니다.

그럼에도 불구하고 제가 크게 네 차원으로 나눠서 얘기하는 것은 국가, 정당, 사회, 개인 차원에 좀더 가깝고 적절한 정책으로 분류할 수 있기 때문입니다. 또한 보다 구체적으로 각각의 정책이 갖는 중요성을 설명하기 위해서 입니다.

그러면 국가 차원의 정책이 가장 중요한 정책인가요?

반드시 그렇다고 볼 수 없습니다. 다른 정책들보다 좀더 크고 넓은 적용 범위를 가지고 있는 것은 사실이지만 다른 정책들에 우선적이거나 더 중요하다고만 할 수는 없지요.

그럼에도 불구하고 저는 국가차원의 정책은 국가의 가장 핵심적이고 근간을 이루며, 기본적인 정책이라고 생각합니다. 이런 점에서 본다면 국가 차원의 정책이 다른 정책들보다는 중요하고 또 본질적이라는 점에서 대단히 중요한 정책이라고 생각합니다.

개인이 모여 집단과 사회, 그리고 국가를 형성할 수 있지만, 국가가 국민의 생명과 안전을 담보하고 국가를 방위할 때 개인이나 사회가 자유와 권리를 맘껏 누릴 수 있다는 점에서 국가 정책의 중요성은 아무리 강조해도 지나치지 않습니다.

제가 이렇게 이야기하면 여러분 중에 누구는 그것은 국가 우선주의, 국가 지상주의, 그리고 권위주의 체제를 염두에 두고 하는 것이 아니냐고 반문할 수도 있습니다.

전혀 그렇지 않습니다. 오히려 정반대입니다. 그렇게 얘기하는 분은 적어도 올바른 국가라고 하면 개인의 자유와 권리가 최대로 보장되는 사회를 생각해서 그런 질문을 던졌을 것입니다. 그러나 그런 개인의 자유와 권리를 안전하고 최대한으로 보장해주기 위해서는 그것을 보장하는 바람막이가 있어야 하지 않을까요?

단지 여기서 우리가 유념해야 할 일은 국가가 개인의 자유와 권리를 보장해 준다는 미명하게 불법적이고 불합리한 다양한 방법으로 개인과 사회를 옭아매는 것은 못하게 해야 합니다.

어떻게 가능하냐고요? 제가 법치주의를 언급하면서 설명한 '공정한 법질서'라는 테두리 안에서 국가의 행동을 제약한다면 가능한 것입니다.

예를 들면 우리가 많이 들어보고 접한 북한이나 중국은 개인의 자유와 권리를 빙자하여 실질적이고 형식적인 법치주의를 합친 '공정한 법질서'를 운영하지 않고, 특히 '법에 의한 지배'를 국가의 정책으로 삼는 국가들입니다. 그런 국가들에서는 개인의 자유와 권리는 국가 우선주의, 즉 개인보다 전체를 우선하는 이념에 사로잡혀 있을 뿐입니다.

따라서 그런 점에서 본다면 올바로 수립되고 집행되는 국가 차원의 정책은 모든 정책 중에서 가장 근간이 되는 핵심적 가치와 중요성을 가지고 있다고 봅니다.

일류 정치를 만드는 국가 정책의 핵심은 무엇입니까?

저는 '변화를 두려워하지 않는 정책정향'이라고 봅니다. 그것은 국가 정책 뿐만 아니라 일류 정치를 마련하려는 올바른 지도자들의 정책 성향이라고도 할 수 있습니다.

여러분이 잘 아시다시피 모든 상황과 정책이 시시각각 변하고 있습니다. 디지털 시대를 맞이하여 그 변화의 속도는 과거 아날로그 시대에서 상상할 수 없었던 수준으로 변화하고 있지요. 변화는 어느 시대에나 있어 왔지만 그 속도가 굉장히 빠르다는 말입니다. 거기에 더해 내용도 상당한 변화를 겪고 있습니다.

이렇게 빠른 속도로 변화하는 상황 속에서 국가의 정책도 여기에 걸맞게 변화를 해야 합니다. 그렇지만 그 변화의 속도에 맞추어 국가정책을 변화시키는 것은 불가능합니다. 왜냐하면 국가정책은 단기적인 정책도 있지만 장기적인 차원의 정책이 대부분을 차지하고 있기 때문입니다. 이 말은 어떤 국가 정책이 만들어지려면 정책의 필요성을 느낀 정부나 국회에서 공청회 등 입법과정을 거치고 법안을 통과시키고, 입법 시행 예고 기간을 거쳐 정책으로 실현될 수 있다는 것입니다.

정책 입법과정은 시간이 걸리기 때문에 이 과정을 과감하게 축소하고 열심히 추진하는 것이 일차적인 과제일 수 있습니다. 정부나 국회의원들이 지금까지 보다는 상상할 수 없을 정도로 열심히 일해야 가능하지요.

그러나 가장 중요한 것은 변화하는 시대상황에 대처하여 이에 걸맞는 정책을 추진하려는 지도자들의 성향과 실천의지가 가장 기본적이고 핵심적인 것입니다. 지도자 집단에 속한 사람들은 보수와 진보라는 이념적 성향을 떠나 기본적으로 기득권층들이기 때문에 손해 봐도 된다는 생각보다는 늘 이익만을 우선시하고 있기 때문에 변화를 두려워하거나 싫어합니다.

지도자들은 정책변화가 자신들에게 늘 손해라고 생각하는군요.

그렇습니다. 국가정책을 만드는 사람들이 지도자들인데 그들 대부분은 국가정책에 대해 항상 제로섬(zero-sum)적 생각을 가지고 있습니다. 그들은 A라는 정책이 갑에 속하는 사람들에게는 이익이 될 수 있지만 을에 속하는 사람들에게는 손해가 된다고 인식하고 있습니다. 그래서 겉으로는 그럴싸한 이유로 포장하고 있지만 속으로는 본인이나 본인이 속한 집단의 이익을 먼저 생각하면서 말하는 것이지요. 그들은 실제로 상대방이나 모두에게 이익이 되는 윈윈(win-win) 정책에 대해서는 관심이 적지요. 특히 단기적으로 손해가 될지언정 장기적으로 이익이 되는 정책에 대해서는 적극적이지 않은 경우가 대부분이지요.

정책을 입안하는 지도자들이 이렇게 생각하고 있으니 자연스럽게 변화에 대해 항상 소극적이고 변화를 두려워하기까지 하는 것입니다. 세상은 빠르게 변화하고 있는데 그 변화를 담아내고, 그것을 더욱 향상시키려는 노력은 전혀 하지 않고 있는 것이지요. 그러면서도 말로는 늘 개혁을 강조하고 혁신을 떠벌리는 것을 우리는 자주 보아왔습니다.

우리는 국가정책에서 변화에 대해 적극적이고 발 빠르게 적응하여 정책을 만들어 시행한 국가들은 세계를 지배할 수 있는 능력을 갖게 되었다는 점을 역사에서 숱하게 보아왔지요.

과거 산업혁명의 선두 주자였던 영국이 그랬으며, 소련이 인공위성 기술로 세계 최강국의 지위를 가진 적이 있었고, 그 뒤 미국이 그 기술을 뛰어넘는 발전으로 우주 강국을 실현하였으며, 특히 인터넷 기술, 디지털 기술 혁신을 통해 세계 최고의 지위를 계속 유지하고 있는 사실이 변화에 적극적으로 대처하는 중요성을 보여주고 있습니다.

변화에 대한 적극적 대응이 필요하고, 또 좋다는 인식이 중요하군요.

아주 정확한 지적입니다. 변화를 두려워하고, 소극적일수록 국가가 정체되고 뒤쳐진다는 점은 우리나라 한말(韓末)의 사례에서도 잘 볼 수 있었지요.

서구 문물이 갖는 장점이 그것의 폐해를 넘어설 수 있다는 인식에서 근대화를 서두른 일본이 발전했던 것과는 반대로 우리는 발전된 문물을 무시하거나 도입을 반대하는 과정에서 국가발전이 뒤처지고, 심지어 국가를 잃는 어리석음까지 당했었지요. 고종 이전부터 서구 문물에 대해 폐쇄적이었지만 고종 때에 와서 더욱 그 한계를 보여줌으로써 역사가 완전히 정체되거나 단절되었던 경험이 이를 잘 증명하고 있는 것은 아닐까요?

특별한 문제의식 없이 변화에 단순히 순응하는 것은 문제가 있지만 적극적으로 대응하고 변화를 주도할 수 있는 정책이 국가 정책에서는 대단히 중요합니다.

한 가지 덧붙이자면 특히 지도자들의 정책에 대한 입장은 항상 '생활의 법칙'에 기초해서 나온 정책이 올바른 정책이지 '생존의 법칙'에 충실하게 살아온 지도자가 내놓은 정책은 정책이 아니라 꼼수일 가능성이 높습니다. 생존은 본인만이 사는 길이고 생활은 더불어 사는 모습을 보여주는 것이기 때문에 그렇습니다.

많은 지도자급 인사들이 자신들이 재직할 당시에는 (국민들)생활은 뒷전인체 그저 생존에 급급하여 정책을 내놓고 나서는 나중에 그 정책이 모두 실패로 돌아가고 자신의 책임을 모면하고 빠져나갈 궁리로 회고록이나 비망록에서 책임회피식의 발언들을 하는 것을 많이 보아왔습니다.

예를 들면 통일부 장관이나 외교부 장관 당시에 북한의 핵무기 개발에 대해 당연히 예측가능했음에도 불구하고 북한을 과소평가하여 북핵 대비가 미흡했음을 후회한다거나, 혹은 미국을 과대평가하여 한국의 핵개발 대신 미국 핵억지력에만 의존한 것을 나중에 후회한다는 식의 발언을 하고 있는 전직 통일부, 외교부 장관들은 비겁하고, 비열한 인식을 드러내는 천박한 지도자일 뿐이라는 생각이 듭니다.

지도자의 정책은 역사의 평가 순간에도 '무엇을 할 걸'보다는 '무엇을 하였다'는 당당함이 있어야 합니다.

좀더 최근의 사례를 하나 들어 주세요.

좋습니다. 우리나라가 IT(정보기술) 강국, 인터넷 강국이라는 점은 여러분도 잘 아시지요. 우리나라는 초고속 인터넷 보급률 세계1위, 인터넷 사용 인구 세계1위, 휴대폰 시장 점유율 세계2위라는 지표가 이를 반증하고 있습니다.

초고속 인터넷 속도에서는 조사기관에 따라 논란이 있지만 한국의 초고속 인터넷 속도는 2019년 2위, 2020년 4위, 2021년 7위, 2022년 8월 16위, 9월 19위, 10월 세계 26위에서 11월 세계 34위까지 내려갔습니다. 그 이유는 우리나라는 초고속 인터넷망 도입이 빨라 전기신호를 보내는 동축케이블(구리망)과 빛을 보내는 광케이블을 혼합해서 사용했지만 후발 국가들이 훨씬 빠른 광케이블을 중심으로 망을 구축하며 점차 차이가 벌어졌다는 분석이 있습니다. 또 다른 지적은 속도를 측정하는 과정에서 국가 규모, 인구, 접속량 등 조사과정에서의 문제점 등을 지적하고도 있습니다.

어떤 이유이든 간에 초고속 인터넷 속도가 다른 국가에 비해 뒤져가고 있다는 점은 사실인 것 같습니다. 반면에 한국은 모바일 인터넷 속도에서는 3위를 기록하고 있기도 합니다.

보다 중요한 사실은 초고속 인터넷 속도보다는 우리나라가 IT 강국 또는 인터넷 강국이라는 점에 대해서는 이론의 여지가 없다는 점입니다.

이런 점에서 제가 변화에 대한 적극적 대응과 정책 사례로서 인터넷 분야를 사례로 들었습니다.

인터넷망 구축과정에서 과감한 정책결정이 중요했군요.

그렇습니다. 우리나라가 인터넷, IT 강국이 될 수 있었던 것은 다른 국가들보다 일찍, 그리고 좀더 적극적으로 인터넷망을 구축하였다는 점이 변화에 능동적이고도 적극적으로 대응한 사례라고 볼 수 있습니다.

1989년 팀버너스리(Tim Berners-Lee)가 월드와이드웹을 개발한 뒤 무료로 전세계에 보급하여 인터넷이 활성화되기 전후 시기에 손쉽고 자유롭게 인터넷 사용을 가능하도록 전국에 기본망을 구축하는 것이 필요했습니다.

김영삼 정부가 1994년 초고속정보통신망 계획을 발표했을 때 많은 전문가들이 비용 충당, 기술적 문제, 효용성 등에 대해 대단히 회의적이었는데, 김영삼 정부는 정보통신부를 신설하고, 정보화 촉진기본법을 제정하여 정책을 추진함으로써 우리나라가 세계최고의 초고속 인터넷 보급률 국가가 되고, 인터넷 강국으로 발돋움하는데 기초를 닦았습니다.

이것은 과학기술에 밝지 못했던 김영삼 전 대통령이 전문가의 조언을 적극적으로 수용하여 변화에 발 빠르게 대응한 미래를 위한 중요한 정책을 펼친 좋은 사례라고 할 수 있습니다.

김영삼 전 대통령의 초고속정보통신망 정책 추진은 박정희 전 대통령이 국내의 많은 반대를 무릅쓰고 경부고속도로를 건설하여 우리나라의 산업화에 크게 기여한 것과 비슷하다는 평가를 받고 있습니다.

변화를 두려워하지 않는 국가 정책이 정말 중요하네요.

그렇습니다. 제가 앞에서 일류 정치, 일류 국가로 가기 위해서는 지도자가 상당히 중요하며, 어떤 지도자가 필요한가에 대해서는 자세하게 설명을 드렸습니다.

국가의 먼 장래를 내다보는 모험정신이나 변화를 두려워하지 않는 용기, 그리고 과감하게 실천하는 실천력이나 실천 의지가 정책수립이나 집행과정에 반영되어 있어야 일류 정치를 위한 정책이라고 할 수 있습니다.

지도자들은 자기 이익에 매몰되어 변화를 두려워해서는 절대 안되고, 그런 사람들이 지도자 집단으로 들어가는 것을 절대로 허용해서도 안됩니다. 혹시 우리 국민들이 한 때 잠깐 판단을 잘못하여 그런 사람들을 지도자로 뽑았다면 즉각 그런 사람이 발붙일 수 없도록 하는 정책을 추진하여야 할 것입니다.

여러분도 아시다시피 오늘날은 직접 민주주의를 할 수 있는 여건이 상당히 제약되어 있습니다. 인구도 방대하여 시공간적으로 모두 한꺼번에 모일 수도 없게 됨으로써 자연스럽게 각자의 목소리를 모두 경청할 수 있는 기회는 불가능하게 되었습니다. 그리고 인터넷을 통한 직접 소통의 장을 마련하는 것도 여러 가지 이유로 쉽지가 않습니다. 그래서 우리가 우리의 입장을 잘 대변할 수 있는 사람들을 국회의원이나 대통령, 장관으로 만들어 우리가 원하는 대로 역할을 하도록 하는 간접 민주주의, 대의 정치, 의회 민주주의를 유지하는 것이지요.

이런 상황에서 일류 정치를 갈망하는 우리들의 기대를 충족시키기 위해서는 제도가 상당히 중요합니다. 제대로 마련된 제도와 올바로 운영되는 제도가 있다면 일류 정치를 구현할 수 있는 가능성은 훨씬 높아집니다.

우선적으로 어떤 제도와 정책이 필요한가요?

변화를 두려워하지 않고, 국가이익을 우선시하고, 일류 정치를 위한 정책을 만들기 위해서 제도는 가장 핵심적이고 근본적인 것입니다. 다양한 정책들이 필요하겠지만 구체적으로 모든 제도와 정책을 다 제시할 수는 없습니다. 그 이유는 여러 가지 상황이 존재하고 그에 따른 정책이 필요하기 때문에 모든 정책을 제가 다 제시하는데 한계가 있기 때문입니다.

다만 제가 여기서 말씀드릴 수 있는 것은 우리 국민들에게 이러이러한 성격과 내용을 가진 정책이 필요하고, 그것에 대한 대표적인 정책, 몇 가지를 소개해 드리면 더 다양한 정책은 여러분이 쉽게 생각하고 인식할 수 있다고 생각합니다. 그리고 그런 정책을 추진할 수 있는 지도자를 선출할 수 있다고 생각합니다.

국가 정책 중에서 가장 핵심적인 것은 국가를 운영하는 틀인 법을 다루는 제도에 대한 정책입니다. 법의 중요성은 제가 말씀드리지 않아도 여러분이 너무 잘 알고 있기 때문에 언급을 하지 않겠습니다. 단지 그와 연관된 제도 중에서도 가장 중요한 제도로 국회와 국회의원에 대한 예를 들어볼까 합니다.

국회의원들이 자신들을 평가하면서 국회의원 300명 모두 각자가 하나의 입법기관, 헌법기관이라고 강조하곤 합니다. 우리는 매일 그런 국회와 국회의원들에 대한 행태를 접합니다.

국회와 관련된 제도가 가장 중요하다는 말씀이군요.

그렇습니다. 제가 좀더 구체적인 최근의 사례를 들어 보겠습니다.

금년 1월 전직 국회의장이 자신이 국회의장으로 있을 때, 총선 직전에 논란이 많은 선거법을 패스트트랙 법안으로 통과시켜준 것에 대해 "뼈저리게 후회한다"고 말한 바가 있습니다.

제가 생각할 때 그 분은 여러 차례 국회의원을 역임한 것은 물론 정부 요직을 맡아 숱한 경험이 있었기 때문에 사후에 이런 식으로 말하는 것에 대해 이해할 수 없습니다. 그런 법안이 상정되고 전문가들을 포함하여 언론에서도 많은 문제점에 대해 크게 논란이 있었기 때문에 본인이 그 법안이 상당히 문제가 있을 수 있다는 점을 사전에 충분히 예견했거나 인지했을 가능성이 있다고 봅니다.

따라서 문제가 심각하게 벌어진 지금에 와서 그런 말을 하는 것에 대해 이해하거나, 전혀 동의할 수 없지만 법안 통과된 지 이년 남짓 만에 고백하여, 그나마 아주 조금 양심의 가책을 느낀 표현이 아닌가 합니다.

그런가 하면 이와 비슷한 시기에 제1야당의 한 현역 의원은 20대 국회에서 '괴물선거법'을 만든 것에 대해 '책임을 통감한다'고 말했습니다. 그러나 그 괴물선거법이 논란이 되거나 개정될 당시에 그 국회의원이 핵심적 역할을 하고 있을 때에는 그런 말을 꺼내지도 않았던 비겁함이나 아쉬움을 국민들은 느끼고 있지요.

그런데 더 큰 문제는 아주 미미한 정도의 후회나 반성조차 않는 사람들이 대부분이라는 점입니다. 오히려 창피함을 모르고 국민들 앞에 나서서 더 창피한 말과 행동을 하는 국회의원들이 우리사회에 버젓이 권력과 권한을 거리낌 없이 행세하는 것을 보면서 분노와 더불어 우리 스스로 참으로 어리석은 선택을 한 것에 대해 후회스러울 뿐입니다.

당시 정치개혁특위 간사를 맡았던 의원조차 '괴물선거법'이라고 칭하는 선거법으로 인해 국회의원 선거는 물론 향후 국회의원들에 의해 만들어진 법안이 우리 사회를 아주 혼란스럽게 만들 정도로 큰 영향을 미쳤다는 점에서 법안을 만드는 국회와 국회의원이라는 제도가 갖는 중요성이 입증되었다고 봅니다.

국회의원 연임 제한 같은 정책도 필요할까요?

아주 좋은 지적입니다. 저는 국회의원들이 제대로 된 능력과 역할을 하기 위해서는 그들에게 더 많은 책임을 부여하는 것이 우선적으로 실시되어야 할 정책이라고 봅니다.

예를 들면 국회의원의 임기를 제한하는 것입니다. 여러분이 잘 아시다시피 현재 국회의원은 지역구 의원과 비례대표 의원으로 구성되어 있습니다. 지역구는 지역구민이 선택을 할 경우 당선 횟수의 제한이 없습니다. 비례대표 국회의원은 대체로 1회만 하는 것으로 관례화 되어 있지요.

법안을 만들고 개정하는 과정에서 국회의원의 경험은 상당히 중요합니다. 그런데 세상은 변하여 사회 모든 분야에서 전문성이 더욱 요구되고, 전문성을 갖춘 사람들이 과거보다 더 빠르게, 더 많이 배출되고 있습니다. 따라서 국회에 들어와서 쌓은 경험의 중요성이 과거에 비해 많이 떨어진 것이 사실입니다.

또한 그동안 우리 국회의원들의 능력이 국민들의 눈높이에 한참 모자라는 듯한 의원들이 무척 많았습니다. 그 점은 제가 굳이 사례를 들지 않더라고 여러분들이 국회의 청문과정이나 상임위원원회 활동을 TV나 신문 등 언론을 통해서 보고, 또 접해서 너무도 잘 아실 것입니다.

이런 점에서 저는 국회의원의 임기를 최대 3선(12년)으로 제한하는 정책이 우선적으로 필요하다고 봅니다. 국회의원들이 국회에 입성하기 전에 갈고 닦은 전문성을 12년 동안이면 충분히 활용하고 국가발전에 투영시킬 수 있다고 봅니다. 디지털 시대에 급격하게 변화하는 세상에서 12년이면 그들의 입법 과정에 필요한 전문성도 한계에 도달할 수 있기 때문입니다.

비례대표 국회의원도 마찬가지 입니까?

네, 그렇습니다. 저는 비례대표제도는 없애야 된다고 생각합니다. 그동안 우리나라에서 비례대표제를 통해 입성한 국회의원들 중에 실질적으로 제대로 된 역할을 한 분들이 과연 몇 명이나 될까요?

겉으로는 각 분야의 전문성과 대표성을 가지고 있다는 말로 국민들을 현혹하고 있지만 실제로 제대로 된 전문가나 대표자들이 비례대표 국회의원으로 뽑혔다고 보기에 합리성이 극히 적다는 생각을 떨쳐버릴 수가 없습니다. 오히려 비례대표 의원은 여러 가지로 객관성과 합리성이 떨어지는 분들이 많았다는 생각이 듭니다.

저는 앞에서 정치분야에 있어서 지도자로 불릴 수 있는 사람이 2% 정도에 불과하다고 말했는데, 비례대표 국회의원들은 그것에도 미치지 못할 것이라는 생각이 듭니다. 그 분들 중에 국회법, 정당법은 물론이고 헌법이라도 제도로 읽고 이해한 분들이 과연 몇 분이나 되었을까요? 저는 그동안 비례대표 국회의원들의 행태를 평가했을 극히 일부만 그랬을 것이라고 생각합니다.

그런 분들이 국회에 들어가서 국가의 장래에 결정적으로 영향을 미칠 법안을 만들고 개정하는 과정에 올바로 참여할 수 있을까요? 저는 그럴 가능성이 상당히 낮다고 봅니다. 그럴 바에야 차라리 그 제도를 없애는 것이 더 현명한 것이 되지 않을까 합니다.

비례대표 의원들을 각각의 분야에서 전문성을 인정하여 선출하는 것이 주요한 목적이라면 오히려 현재 제도는 있지만 실질적으로 큰 역할을 하지 못하고 있는 '국민동의청원제'(청원이 일반에 공개된 날부터 30일 이내에 5만 명 이상의 동의로 국민동의청원의 성립이 가능하게 하고 있습니다)를 현실에 맞게 적극적으로 보완하는 것으로 대체할 수 있다고 봅니다.

지방의회도 있지 않나요?

그렇습니다. 우리나라 지방자치제는 1952년 실시되어 1960년까지 실시되었다가 중단된 뒤 1995년에 다시 시행되면서 운영되고 있습니다. 그런데 1995년에 재개된 지방자치제로 선출된 분들의 활동상을 보면 상식적으로 도저히 납득이 되지 않는 의정활동을 하는 분들이 많습니다.

그래서 저는 국회의원보다 지방의회의 수준이 더욱 저급하다고 생각합니다. 제가 이렇게 얘기하면 지방의회 의원들이 벌컥 화를 낼 수도 있다고 생각합니다.

그러나 여러분들이 잘 알다시피 지방의원 후보자나 당선자들의 그동안 활동을 평가하면 이 분들이 과연 주민들의 의견을 제대로 대변할 수 있을까 하고 의구심이 드는 분들이 태반입니다.

직접 민주주의를 못하게 된 요즘 간접 민주주의, 대의제도하에서 지방의회는 민주주의의 가장 낮은 수준의 제도이지만 상당히 중요한 제도임에도 불구하고, 지방의회에 대해 제대로 알고 있는 국민들이 적습니다. 더욱이 그 분들이 선거철 이외에는 동네에서 보이지도 않고 의정활동에 대한 보고조차 제대로 않기 때문에 더욱 관심을 가지지 못하고 있습니다. 그럼에도 불구하고 지방의회는 제가 앞에서 지적한 바와 같이 대단히 중요한 역할을 하는 직책이고 제도입니다.

지방의회 의원들의 업적이 기대한 것 이하 같은데요.

바로 보신 겁니다. 1995년 지방자치제가 부활하면서 지방의회는 무보수 명예직으로 출발했지만 그 뒤, 야금야금 자신들의 이익과 특권을 넓혀 세비는 물론 보좌관까지 둘 수 있게 되는 등 이제는 지방 수준에서 국회의원에 버금가는 권세를 누리고 있는 것을 여러분이 잘 알고 계시지요. 셀프로 세비 올리고, 외유성 출장다니며 혈세를 낭비하면서도 이 분들이 실제로 무슨 활동을 하고 있는지 잘 모르겠습니다.

이런 점에서 저는 기초 자치단체에서, 특히 구·군의회는 없애는 법안이 만들어져야 한다고 생각합니다. 시나 광역시 의회는 존치시키면서도 임기는 최대 2회(8년)까지만 허용했으면 합니다. 그리고 그들에 대한 엄격한 감독 권한을 강화하는 제도도 마련했으면 좋겠습니다.

또한 지방의회 의원처럼 지방자치단체장도 임기가 2번(8년)이면 충분하다고 봅니다. 8년의 시간이면 본인의 구상을 충분히 실현할 수 있는 시간이라고 봅니다.

이와 동시에 지방자치단체에 대한 감시 권한을 좀더 확대하여 부정부패에 등 불법에 연루된 의원, 자치단체장들에 대해서는 즉각적으로 책임을 묻는 제도들이 보완이 되어야 한다고 생각합니다. 이렇게 해야 지방의회나 지자체장 들이 8년 동안 주민들을 위해 최대한 노력하는 모습을 볼 수 있을 것 같다는 생각이 듭니다.

최근에는 선거제도 변경에 대한 제안도 있었지요?

그렇습니다. 최근에 국회의원 선거구제에 대한 논의가 있었습니다. 현재는 253개 지역구에서 1명씩만 뽑는 소선거구제를 채택하고 있지요. 선거에서 1표라도 더 얻은 후보자가 당선되는 구조입니다. 그러다보니 선거결과 각 정당이 득표율에서는 크게 뒤지지 않았지만 당선자 수에 있어서는 현격한 차이를 낸 사례들이 나오고 있는 실정입니다.

또한 우리나라처럼 지역 갈등과 이념 갈등이 심각한 상황 속에서는 과거에 어떤 정당은 영남에서, 다른 정당은 호남에서, 그리고 또 다른 정당은 충청에서 배타적으로 다수 의석 혹은 전체 의석을 갖는 현상이 있었습니다.

그래서 최근에 와서 한 선거구에서 2-3명의 국회의원을 뽑는 중선거구제 도입에 대해 논의가 나오고 있습니다. 중선거구제를 택하면 한 선거구에서 2-3명을 뽑기 때문에 여야 정당에서 서로 의석을 나눠 당선시킬 가능성이 크고, 이를 통해 지역과 이념 갈등을 줄이고 화합과 협력과 상호 호의적인 사회로 나아갈 수 있다는 취지에서죠.

우리사회가 그동안 소선거구제를 시행하면서 지역적으로 극단적인 선택이 이루어지고 있고, 그 과정에서 갈등이 계속 심화되어 이제는 정치인들이 늘 하는 거짓 구호라고 생각되는 화해와 화합, 그리고 국민통합이 불가능하기 때문에 중선거구제가 도입되어야 한다는 주장이 나오고 있습니다. 그런 순수한 의미가 있다면 저는 일정한 수준에서 좋을 수 있다고 생각합니다.

중선거구제를 채택해야 된다는 말씀인가요?

아니요. 저는 중선거구제를 채택해야 한다는 말은 전혀 아닙니다. 오히려 저는 중선거구제가 도입된다고 하더라도 앞에서 중선거구제 도입 명분으로 내세웠던 명분이 그저 단순히 희망사항에 그칠 뿐 지역과 이념 갈등이 사라질 것으로 결코 보지 않습니다.

도입하는 과정에서 선거구를 정리해야 하는데, 이 때 각 지역구 국회의원들은 각자의 이익을 보는 쪽으로 주장하고, 그것을 관철하여 누더기, 엉터리, 비효율적 지역구가 만들어질 것입니다. 지금도 이미 인구 증감에 따른 선거구 조정 과정에서 불합리한 선거구가 존재하고 있습니다.

미국에서 특정 정당이나 후보에게 유리하도록 선거구(지역)을 조정을 한 적이 있었는데 이를 게리멘더링(gerrymandering)이라고 하지요. 한국판 게리멘더링이 속출할 것은 뻔합니다.

더욱이 중선거구제를 도입하더라도 특정지역에서 과거 그 지역과 이념을 대표했던 특정 정당 후보나 특정 정당의 아류를 자처하는 후보, 또 당선된 이후 특정 정당에 입당할 것이라는 사이비 후보들이 난무하고 그들이 당선될 가능성이 아주 큽니다.

그래서 영남, 호남, 충청, 강원 등 지역이 더욱 극명하게 갈릴 뿐 원래의 희망사항은 해결되지 않을 것입니다. 단지 수도권에서는 이런 현상이 조금은 적게 나타날 수도 있다는 생각은 듭니다.

의석수가 많은 수도권에서 의석을 나눠 갖고자 하는 짧은 생각에서 이런 제도를 선택한다면 인구수가 적은 농어촌 지역의 대표성 문제는 또 다른 문제로 나타날 것이 분명합니다.

그래서 저는 중선거구제 도입에 대해 시간을 갖고, 국회의원들은 물론이고 유권자들이 함께 토론하고, 논의하여야 한다고 생각합니다. 속전속결로 처리할 문제는 절대 아니라는 생각을 갖고 있습니다.

국회의원 수에 대한 문제도 중요하지 않을까요?

그렇습니다. 저도 절대적으로 동감입니다.

우리나라 국회의원 수는 300명(지역구: 253명, 비례대표: 47명)입니다. 미국의 국회의원 수는 535명(상원, 100명, 하원, 435명)이고, 일본의 국회의원 수는 710명(참의원 245명, 중의원 465명)입니다.

국회의원 숫자는 각국의 상황에 따라 다를 수 있지만 단순하게 인구비례로 볼 때나(미국: 3억 3,190만명, 일본: 1억2,570만명, 우리나라: 5,174만명), 영토로 볼 때(미국 983만Km², 일본 38만Km², 우리나라: 10만Km²) 우리나라 국회의원 숫자가 많다는 생각이 듭니다.

국회의원 숫자에 대해서는 선거철이 다가오면 많다는 지적을 받고 어떤 정당들에서는 200명으로까지 줄여야 한다는 말만 나왔던 적이 있습니다. 그러나 실제로 줄이려고 하면 국회의원들이 이에 동의하지 않고 오히려 늘려야 한다는 주장을 통해 의원 수 감축 주장을 무색하게 만들면서 계속 현재 인원을 유지하려고 합니다. 기득권을 최대한 유지하려는 대표적인 사례가 아닌가 합니다.

그동안 대부분의 국민들은 국회의원들이 받아온 특혜나 특권에 비해 국회의원들이 한 일이 그에 상응하지 못하다는 평가가 많았던 것이 사실입니다. 저도 그와 같은 의견에 동의합니다.

그런 의미에서 국회의원 정수를 200명 이하로 줄이고, 이들에 대한 감시 감독을 더욱 철저히 하여 더 이상 국회의원이 특권과 특혜의 자리라기보다는 국민을 위한 일을 하는 직책이나 제도로 변화되었으면 좋겠다는 생각이 듭니다.

국회의원 마치고 지자체장으로 가는 분들은 임기제와 관련 없나요?

그렇게 자리를 옮긴 분들을 종종 보아왔지요. 여러분이 아시다시피 지방의원을 하다가 가는 경우는 드물지만 국회의원을 하다가 시장(광역시 포함)이나 구청장으로 가는 경우도 종종 있습니다.

그런 분들의 명분은 국가 정책이라는 큰 틀에서 법률이나 정책을 다루다가 그 경험을 바탕으로 집행기관의 장으로 가서 자신의 정치경험을 펼친다면 더욱 효과적으로 지자체를 운영할 수 있다는 점입니다.

그 분들의 명분을 일정 정도 이해는 하지만, 그 분들이 옮겨가는 이유는 국회의원보다는 단체장이 훨씬 더 권력행사의 실감을 느낄 수 있기 때문이라고 생각합니다. 좀더 단순하게 말하자면 예산도 있고, 부하 직원들도 많고, 실질적인 힘도 있는 지자체 장을 더 좋아하기 때문에 가는 것이 아닌가 하는 생각이 듭니다.

저는 의정활동을 하는 분들과 집행기관의 장을 하는 분들이 서로 다른 길이라고 생각합니다.

따라서 지자체 장도 임기를 2회로 한정하는 것이 필요하고, 의정활동이나 지자체장 모두 합쳐 2번만으로 임기를 제한해야 한다고 생각합니다. 지방의원, 그리고 시장, (군수)구청장을 2번 하던지, 아니면 어느 쪽이서 1번을 했다면 다른 쪽에서 1번만 할 수 있는 제도가 필요하다고 생각합니다. 3선의 국회의원은 절대 지자체장으로 갈 수 없게 해야 합니다.

그렇게 되면 국회의원 끝나고 지자체 장으로 가려고 한다든지 아니면 반대의 길을 택하는 '권력 바라기', '권력 철새', '양지 바라기'들을 우리사회에서 발붙이지 못하게 할 수 있기 때문입니다.

아마도 이런 제도가 마련된다면 진정으로 공직에만 충실하게 임하는 공직자나 지도자들을 만날 수 있지 않을까 생각합니다.

국가정책 중 선출직 공직자에 재판도 중요하지요?

그렇습니다. 우리나라 공직선거법 제270조(선거범의 재판기간에 관한 강행규정)는 “선거범과 그 공범에 관한 재판은 다른 재판에 우선하여 신속히 하여야 하며, 그 판결의 선고는 제1심에서는 공소가 제기된 날부터 6월 이내에, 제2심 및 제3심에서는 전심의 판결의 선고가 있은 날부터 각각 3월 이내에 반드시 하여야 한다.”고 규정되어 있습니다. 단, 이 규정은 권고사항이지 의무조항은 아닙니다.

또한 당선무효 여부에 관련된 선거범죄 재판은 1·2·3심 모두 각각 두 달 안에 처리해 6개월 내에 확정판결까지 마무리하는 것이 사법부의 방침이자 거의 확립된 실무 관행으로 되어 있습니다.

두 규정을 보면 선거사범은 1년 내에 판결이 마무리되어 재선거를 실시할 수 있음을 말하고 있습니다.

그러나 역대 선거사범에 대한 이 규정이 지켜진 경우는 극히 드물고, 특히 선거사범이 다른 사건과도 연관되어 있을 경우 죄를 함께 묶어 처리한다는 이유로 임기 막판에 가서야 판결을 내리는 경우가 있어 큰 의미를 갖지 못했습니다.

공직자가 선거 부정 뿐만 아니라 다른 범죄를 저질렀더라도 국회의원이라는 신분을 철저하게 이용하여 임기가 거의 끝나거나 끝난 뒤에 처리함으로써 법의 공정성이라는 차원에서 문제가 많다고 생각합니다.

심지어 최근의 한 지방자치단체장에 대한 선거법 위반 재판은 당사자가 임기를 마친 뒤에도 끝나지 않은 사례가 있었습니다.

따라서 저는 법원에 선거재판부를 별도로 운영하여 신속한 재판과 판결을 통해 선거사범 처리를 할 경우 선거에 대한 책임성을 좀더 증대시키고, 범법자가 활개칠 수 없는 세상을 만들어야 한다고 생각합니다. 더욱이 선거사범에 대해서는 임기 이후에도 재임 중 수령한 임금 등 그에게 지급한 이익을 모두 추징하는 등의 책임을 물어야 한다고 생각합니다. 최근처럼 사법부의 권위가 상당히 떨어진 상황에서 더욱 필요한 제도라고 봅니다.

국회의원의 면책특권 문제도 종종 제기되는 문제 아닌가요?

맞습니다. 대단히 중요한 문제를 지적하셨습니다. 아시다시피 국회의원의 면책특권은 국회 내에서 직무상 행한 발언과 표결에 관하여 국회 밖에서 민사상·형사상의 책임을 지지 않는다는 특권을 말합니다. 국회의원이 소신 발언을 하고, 또 양심에 따라 표현할 수 있다는 점에서는 의미가 있습니다. 특히 과거 권위주의 시절 언론의 자유가 제한되었던 시기에 국회의원들이 면책특권 하에서라도 민주화를 외치고 권위주의의 폐해를 역설하는 수단이었기 때문에 필요했던 제도입니다.

그러나 여러분들이 많이 보아왔듯이, 국회의원이 면책특권이라는 미명하에 사실이 아닌 이야기를 국회 내에서 한다든가, 다른 사람의 인격까지도 침해할 수 있는 발언을 하여 상대방에게 큰 피해를 주고 있는 경우도 가끔 발생하고 있습니다.

최근에 한 국회의원이 대통령과 장관에 대해 사실이 아닌 내용을 국회 의정활동 과정에서 언급함으로써 크게 문제가 된 적이 있었지요. 앞으로 어떻게 상황이 진전될 것인가는 다른 문제지만, 국회의원들이 지나치게 면책 특권을 넓은 범위에서 사용하고 있다는 생각이 듭니다.

그동안 책임회피를 위해 허위 사실을 마치 진실인냥 국회 내에서 면책특권이라는 우산 속에서 마구잡이로 얘기하였던 많은 사례들이 있었습니다. 나중에 허위 사실임이 판명되었음에도 불구하고 책임을 지지 않았던 일들이 많았지요. 그러다 보니 일부 능력과 책임의식이 부족한 국회의원들이 옳지 않은 선례를 계속 따르고 있다는 생각도 듭니다.

따라서 저는 국민들의 대리인인 국회의원이 좀더 책임감을 갖고 우리 유권자들을 대리해서 의정활동을 해야 한다는 점에서 면책특권의 범위를 극히 제한하는 제도로 개정되었으면 합니다. 가능하면 폐지하는 것이 필요합니다. 항상 선거철만 되면 여야 할 것 없이 면책특권 폐지를 주장하다가 선거끝나면 언제 그랬느냐는 듯이 나 몰라라 하는 작태를 수없이 보아왔기 때문입니다. 그 중에서도 국회의원 불체포특권이 가장 대표적인 것이었음을 보아 왔지요.

'아니면 말고' 식의 무책임한 언행을 통해 우리의 권리를 마구 남용하는 것이라는 생각이 듭니다. 거짓말로 우리를 대리한다면, 그것은 위임권자인 우리를 무시하거나 기망하고, 심지어 모욕적으로 만들기 때문입니다.

국회의 무기명투표 문제도 종종 지적되지요?

그렇습니다. 현행 국회법에서는 '대통령으로부터 환부된 법률안', '그 밖에 인사에 관한 안건', '국회에서 실시한 각종 선거', '국무총리 또는 국무위원의 해임건의안' 등에만 무기명 투표를 규정하고 있습니다. 그동안 국회에서 논란이 많았던 국회의원 체포동의안은 '인사에 관한 안건'에 해당해 무기명 투표가 실시되었습니다.

모든 국회의원들이 국민의 대리인이고 위임을 받아 권한을 행사하며, 각자가 헌법기관이라고 외치는 것을 여러분은 수도 없이 보아왔지요. 국회의원들의 논리대로라면 본인들도 막중한 책임감 속에서 의정활동을 하는 것이 맞지 않을까요? 그렇다면 국회에서 법안 제정이나 개정은 물론 국회내에서 이루어지는 모든 활동들에 대해 기명으로, 투명하게, 떳떳하게 행동해야 되지 않을까요?

국회의장과 부의장을 뽑는 것도 대통령 선거도 아닌데 기명으로 선거해야 되지 않을까요? 설령 자당의 국회의원이라도 의장으로서 자격이 못미친다면 떳떳하게 반대표를 던져야 하는 것이 아닐까요? 당론으로 찬성이 결정되면 당론에 따라 선거했다고 말하면 되지 않을까요? 눈가리고 아옹 하는 식으로 선거 결과가 나오면 언론을 통해 이탈표가 나왔다느니, 누구는 기권했다느니 하는 '소설 같은 기사'를 쓰지 않아도 되고, 위임권자인 우리들도 내 대리인이 어떻게 행동하고 있구나 하고 평가할 수 있지 않을까요?

미국에서는 연방 하원의장 선거 때 의회 서기가 알파벳 순으로 의원들을 호명하면 호명된 의원이 지지 후보를 밝히는 방식(roll call)이 있는데, 우리도 참고할만한 방식이라고 생각합니다.

더욱이 국회의원 가운데 피의자로 지목되어 검찰로부터 제출된 체포동의안에 대한 무기명투표가 얼마나 무책임한 투표였는가는 우리가 그동안 많이 보아왔지요. 이런 점에서 저는 국회의 무기명 투표는 폐기하는 것이 낫다는 생각입니다.

정당 차원의 정책도 일류 정치의 우선적 과제라고 하셨죠.

그렇습니다. 특히 저는 '사심 없는 정책정향'이 정당 차원 정책의 핵심이라고 생각합니다.

우리 국민들은 정당에 대한 정책이나 제도에 대해 많은 이해를 하지 못하고 있는 것이 사실입니다. 그 이유는 정당에 대해 관심은 많지만, 실질적으로 정당 활동을 하는 분들이 적고, 또 자신의 생계에 우선적으로 치중해야 하기 때문에 정당은 보다 덜 중요한 분야로 생각하고 있기 때문이 아닌가 하는 생각이 듭니다.

그런데 정당은 우리의 2차적, 3차적 관심사임에는 틀림없지만 정당의 역할이나 기능이 국가와 국민의 실생활에 밀접하게 관련이 있기 때문에 정당에 대한 정책은 상당히 중요합니다. 따라서 정당에 대한 정책에 대해서도 우리가 좀더 관심을 가져야 합니다.

국회의원이나 지방의회 의원들은 대부분 정당의 공천을 받아 당선된 뒤 의정활동을 하고 있습니다. 무소속으로 당선된 의원들도 있으나 그 수는 극히 소수에 지나지 않고, 대부분 정당을 통해 국회나 지방의회에 진출합니다.

그리고 정당을 통해 국회와 지방의회에 진출한 의원들은, 유권자의 대리인으로서 우리 실생활을 규정하는 법이나 조례를 만들거나 개정하고, 우리 국민들은 그에 따라 생활을 영위한다는 점에서 정당이 갖는 중요성은 상당하다고 봅니다. 그렇기 때문에 우리는 정당에 대해 관심을 가져야 하고, 정당에 대한 정책이 중요하다는 말입니다. 정당에 대해 관심을 갖는다는 것은 국회의원 선거나 대통령 선거 때 다른 정당보다 진정으로 국민과 국가에 이익이 되는 정당에 투표하는 것이지요.

그러면 정당에 대해 어떠한 정책들이 필요할까요?

가장 먼저 실행되어야 할 정책은 정당에 대한 국고보조금 문제입니다. 저는 정당에 대한 국고보조금의 폐지가 필요하다고 봅니다.

우리나라의 선거문제를 담당하는 최고 기관인 중앙선거관리위원회는 우리나라 정당들에 대해 선거가 있었던 2022년 총액 1,420억원(대선, 지자체 선거, 정기 경상비, 여성, 장애인, 청년추천 보조금 포함), 선거가 없었던 2021년에는 462억원, 총선이 있었던 2020년에는 907억원, 선거가 없었던 2019년에는 432억원을 각 정당에 지원했습니다. 지난 4년 동안 매년 평균 805억원을 정당에 지급한 셈입니다.

정당에 대한 국고보조제도는 1980년 10월 제정된 제5공화국헌법 제7조 제3항에 정당 지원 규정이 신설되면서 운영되고 있고, 현행 헌법 제8조 제3항에 "정당은 법률이 정하는 바에 의하여 국가의 보호를 받으며, 국가는 법률이 정하는 바에 의하여 정당운영에 필요한 자금을 보조할 수 있다"는 조항을 근거로 각 정당에 국고보조금이 지급되고 있습니다.

정당에 대해 국고를 지원하는 이유로는 정당이 다른 결사와 달리 특별한 지위를 갖는다든가, 기업이나 단체로부터의 헌금 금지에 대한 대가, 정당간의 재정적 불균형을 조정하기 위한 의도, 정치부패를 예방하기 위한 목적, 그리고 민주주의를 위한 비용 등을 들고 있습니다.

우리나라 정당법 제2조에서는 "정당을 국민의 이익을 위하여 책임 있는 정치적 주장이나 정책을 추진하고, 공직선거의 후보자를 추천 또는 지지함으로써 국민의 정치적 의사형성에 참여함을 목적으로 하는 국민의 자발적 조직을 말한다"고 정의하고 있습니다. 그런데 우리나라에서 정당이 과연 이러한 정의에 부합하는 행동을 하고 있습니까?

오히려 정당은 동서양에서 정평이 있는 정치학자들이 말하는 바와 같이 '정치권력을 획득하기 위하여 정치적으로 같은 생각을 가진 사람들이 모인 이익집단'으로 보는 것이 가장 타당합니다. 우리 국민들은 물론이고 심지어 현직 국회의원도 이런 말을 한 적이 있습니다.

국민을 팔아 자신들의 이익만을 추구하고 하는데 혈안이 되고 있는 정당에게 국민의 혈세를 퍼주고 있다는 생각이 듭니다.

국민의 혈세가 이익집단인 정당 활동에 낭비되고 있다는 말이군요.

그렇습니다. 저도 100% 동의합니다. 정당법에서 규정하는 정당의 개념 중에서 '국민의 이익을 위하여 책임 있는 정치적 주장이나 정책을 추진한다'는 명분도 문제가 많지만, 정당법에서 규정하고 있는 개념에 근거할 때 정당에 국민의 혈세를 지원할 이유가 없다고 생각합니다.

기존의 한국정당들이 국민의 이익을 위하여 책임 있는 정치적 주장이나 정책을 추진한 사례는 상당히 드물다고 생각되기 때문입니다.

그 정도의 일을 하면서 비서(보좌관 포함, 인턴 1인 포함) 9명에다가 일년 세비 1억 5천만원 정도, 그리고 교통비 지원 등 막대한 혜택을 국회의원에 대해 이미 지원을 하고 있습니다.

거기에 더해서 각 정당에 매년 수백억원에 달하는 국민 세금을 지원하는 것은 말이 안된다고 생각합니다. 자신들의 권력을 획득하기 위해서 하는 행동에 국민세금을 지원하는 것이 과연 타당한 일인가 하는 생각이 듭니다.

전세계적으로도 OECD 38개 회원국 중에서 정당에 대해 정당보조금과 선거보조금을 주는 국가는 7개국(그리스, 이스라엘, 터키, 프랑스, 독일, 일본, 한국)에 불과합니다.

그런데 만약 정당법에서 규정하는 이익집단으로서의 정당에 대해 국고지원을 하는 논리를 받아들인다면 한국에 현존하는 많은 이익집단 중 상당수가 국고지원 받을 수 있는 여지가 있다고 봅니다. 다시 말하면 상당수의 이익집단들도 국민의 이익을 위하여 '책임 있는'(지극히 주관적이고 애매한 표현이라고 할 수 있음) 정치적 주장이나 정책을 추진하고 있다고 주장하거나, 혹은 그렇다고 평가할 수 있는 근거가 있기 때문에 국고지원을 받아야 마땅하다고 평가될 수 있습니다.

특히 그동안 국고보조금을 받는 정당들이 과연 국민의 이익을 위해 얼마나 큰 역할을 했느냐 하는 점에서 의구심이 듭니다.

한국 정당에 대한 재정적 지원이 효과가 없었다는 말이군요.

그렇습니다. 제가 가장 최근의 예를 하나 들어보겠습니다.

중앙선거관리위원회에서는 국회의원 선거 과정에서 여성공천을 하는 정당에 대해 주는 보조금이 있습니다. 지난 21대 국회의원 선거에서 어떤 정당은 253개 지역구에서 77명(30.4%)의 여성 후보를 추천해 여성추천보조금 8억 4200여만원을 독식하였습니다. 추천된 여성 후보자 중 1명도 당선시키지 못했음에도 불구하고 말입니다.

여성들의 정당 참여, 정치참여에 동기를 부여하고, 여성들이 국회에 진출하여 여성 문제는 물론이고, 사회 전반의 모든 국정과제에 대해 효과적으로 의견을 분출할 수 있는 기회를 부여한다는 취지에서 여성추천보조금을 지급한 것인데, 실제로는 그러한 입법 취지나 정당 정책이 전혀 엉뚱하게 악용된(?) 사례가 아닌지 하는 의구심을 떨쳐버릴 수 없습니다.

그런데 그 정당은 평소에는 존재조차 모르고 있다가 선거철만 되면 터무니 없는 공약을 들고 나온 소위 철새정당이었습니다. 지난 시기 동안 그 정당이 여성의 정치참여나 권익보호나 증진을 위해 노력한 흔적이 전혀 없다고 해도 과언이 아닙니다. 심지어 다른 문제에 대해서도 정당이라고 할 만한 활동을 하지 않았던 정당입니다.

정당지원금이 악용되는 것 같은데요.

네, 어떻게 보면 그럴 수도 있다는 생각이 듭니다. 제가 극단적인 사례를 들었습니다만 이런 상황인데도 정당에 대해 국고보조금을 지급해야 할까요? 법의 논리는 정당이 특정 집단이나 개인으로부터 지원금을 받으면 그들의 이익을 대변할 뿐 전국민을 위한 올바른 정책을 펼 수 없기 때문에 정부가 지원금을 준다는 것입니다.

실제로 그럴까요? 아마 대부분의 국민들은 그렇게 생각하지 않을 것입니다. 오히려 지원금을 받은 정당들은 국민을 팔아 자기들 잇속만 차리는데 혈안이 되어 있을 뿐입니다. 정당은 권력 획득을 위해 모인사람들의 이익집단이므로 정당의 운영은 당원들의 당비와 지지자들의 후원에 의해 운영되는 것이 기본적인 것이라고 생각합니다.

선거에서 어느 정도의 득표율을 기록하면 국고보조금이라는 명목으로 국가가 선거비용을 보존해 주니까 선거철만 되면 자신이 지지하는 후보자 이름과 정당 이름이 적인 띠를 두른 사람들이 주민들이나 행인들에게 불편할 정도로 길거리를 막아서서 선거운동을 하는 것은 아닐까요? 또 트럭 등 자동차를 이용하여 도로를 점령하여 통행에 지장을 주며, 소음에 가까울 정도로 시끄럽게 선거운동을 하는 것은 아닐까요? 그런 꼴불견을 보지 않기 위해서라도 국고보조금을 없애는 것이 마땅하다고 생각합니다.

필요하다고 생각되는 정당 정책 예를 하나 들어주시죠.

네, 제가 생각하는 정당의 사심 없는 정향을 가진 정책 하나를 제시해 보겠습니다.

최근에 부동산 전월세 사기 문제가 큰 사회 문제가 되었었지요. 가짜 집주인을 내세워 부동산 불법 대출을 받고, 그 집에는 전월세 임대를 해준 뒤 집주인이 사망하거나 도망을 가든지, 아니면 캡투자라는 명목 하에 반환능력이 전무한 사기 임대를 해서 전월세 보증금을 거의 못받거나, 전액을 떼이게 되는 사례가 있었습니다.

2017년 7월부터 2020년 9월까지 주택 628채를 매수하고 임차인 37명에게 보증금 80억원을 돌려주지 않은 사기 사건, 2022년 3월부터 7월까지 인천시 일대 아파트·빌라·오피스텔 등 공동주택 327가구의 전세 보증금 266억원을 편취한 사건 등은 우리사회를 커다란 충격으로 휩싸이게 했습니다. 특히 이들 전세 사기의 피해자들 상당수가 MZ 세대를 포함한 젊은층이라고 합니다. 더욱이 이번 전세사기의 피해자 분들 중에서 극단적 선택을 한 분들도 있다는 보도도 있었습니다.

이에 대해 과거에도 그랬고, 요즘도 정치권에서는 앞으로 이런 일이 벌어지지 않도록 입법을 한다고 말만 되풀이 할 뿐입니다. 이런 일은 계속 반복되고 있는데도 말이죠. 입으로만 정책을 제시하고, 말만 앞세우는 정치인들의 거짓말, 심지어 사기 정책이 계속되고 있음을 봐왔습니다.

저는 정책을 만들기 전에 각 정당에 있는 법조인 출신 정치인, 정당인들이 '눈 가리고 아웅' 하는 식의 법안을 만들기 이전에, 우선적으로 매매, 전월세상담센터 같은 것을 만들어 법을 모르는 국민들에게 사기를 당하기 전에 사전에 관련 지식이나 정보를 제공하는 사전 안전망 정책을 만들면 좋다고 생각합니다.

요즘 각 정당에 보면 법조인들이 다른 분야 출신들보다 더 많이 정당이나 국회에 포진하고 있음에도 불구하고, 법을 잘 모르는 국민, 특히 경험이 부족한 청년층에게 전혀 도움을 주지 않고 있습니다. 사건이 발생하여 청년층이 많은 피해를 입으면 이들의 표심을 얻고자 하는 소 잃고 외양간 고치는 사후약방문 격의 말잔치만 하고 있습니다. 참으로 어이없고, 한심한 작태를 보면서 참을 수 없는 분노만 느낍니다. 갈수록 그런 현상이 더 한다는 생각이 듭니다. 그들이 알량한 법지식을 통해 하는 짓은 자신들의 이익이나 먹거리, 그리고 신변보호에만 급급한 터무니없는 정책을 내놓을 뿐입니다.

표만 생각해서 마치 자기 정당이 다른 정당들에 비해 가장 청년들을 위하는 정당인냥 사술을 부릴 뿐이고 현실적이고 실현가능하며, 즉각적이고, 사전 예방적인 정책에는 전혀 관심 없는 정치 세력들의 말잔치에 우리가 속아 넘어간 것이었습니다.

사심 없는 정책이 진정한 정당정책이군요.

그렇습니다. 전혀 해결의 실마리가 보이지 않는 저출산정책도 각 정당의 사심에 사로잡힌 인기영합적인 표퓰리즘 정책의 대표적인 사례가 아닐까 합니다.

우리나라는 정부가 저출산 문제를 해결하기 위하여 저출산 예산을 편성했는데, 처음 편성했던 2006년 1조원에서 2021년에는 42조 9천억원으로 15년 동안 저출산 예산으로 약 280조원을 사용했습니다.

매년 막대한 예산이 저출산문제를 해결하기 위해 투입되었지만 그 효과는 오히려 마이너스로 나타났습니다. 2006년 합계출산율(여성 1명이 평생 낳을 것으로 예상하는 평균 출생아 수)이 1.13명이었는데, 이후 지속적으로 하락하다가 2021년 0.8명, 그리고 2022년에는 0.78명을 기록했습니다.

출생율을 높이기 위하여 천문학적인 예산이 투입되었지만 그 효과는 전혀 나타나지 않음으로써 오히려 예산 낭비라는 말이 나올 만큼 정책 실패가 계속되었다고 볼 수 있습니다.

그동안 각 정당은 출산율을 높이겠다는 구실로 가임 청년층에게 표피적으로 다가가는 인기영합적인 정책에 예산을 마구 퍼부은 것이 아니었나 하는 의구심마저 듭니다.

예산투입은 증가하는데 정책 효과가 오히려 계속 낮게 나온다면 그것에 대한 보다 의미 있는 분석이나 토론이 있어야 함에도 불구하고, 가임 세대는 돈만주면 아이들을 더 많이 낳는다는 지극히 단세포적인 정책만을 양산하였다는 생각이 듭니다.

진정성 없는 정책만 되풀이 한 것이군요.

그렇다는 생각을 떨쳐버릴 수 없습니다. 가임 세대들이 자식이나 출산에 대한 인식이 변화하고 있고, 그들만의 가치관이나 문화에 대한 이해와 이에 따른 정책 변화를 전혀 고려하지 않았다는 반성이 우선적으로 이루어져야 하지 않을까요? 그래야 제대로 된 정책이 도출될 수 있는 가능성이라도 높일 수 있다고 생각합니다.

예를 들면 MZ 세대들의 출산에 대한 인식이 변했습니다. 그래서 출산장려금을 아무리 많이 준다고 해도 실제로 출산으로 이어지지 않는다는 점을 알아야 합니다. 가치관의 변화에 대한 이해가 선행되어야 합니다. 이것을 무시한 정책은 '깨진 독에 물 붓기'에 지나지 않는 정책이고, 보여주기 식의 정책에 지나지 않습니다.

본질에 대한 이해와 논의를 거친 정책이 진정한 정당의 정책이지 표만 생각하는 사심 있는 정책은 절대로 정책적 성공을 거둘 수 없습니다.

미국 같은 경우는 저출산예산이 편성되지도 않고 정책이 나오지 않음에도 불구하고 합계출산율이 2000년 2.0명, 2022년에는 1.7명입니다. 저출산 예산을 1달러도 지출하지 않은 미국이 20년 동안 변화의 속도나 내용에서 15년간 280조원을 투입한 우리나라와는 극명한 대조를 이루고 있음을 알아야 합니다.

그동안 여야 정당들의 저출산 정책이 얼마나 많은 문제점을 가진 정책인지를 확인할 수 있는 자료가 아닐까 생각합니다.

일류정치를 위한 사회정책의 핵심은 무엇인가요?

제가 앞에서 일류정치가 되기 위해 국가차원에서는 '변화를 두려워하지 않는 정책정향'이 필요하고, 정당정책은 '사심 없는 정책 정향'이 핵심적으로 필요하다고 지적하면서 그에 대한 구체적인 설명과 사례를 제시해드렸습니다.

그렇다면 일류정치가 되기 위해서 필요한 사회 차원의 정책들에 대해서도 설명을 해야 되겠지요. 제가 생각할 때 사회정책의 핵심은 '보편적이면서 미래지향적인 정책정향'이어야 한다는 겁니다.

여러분이 아시다시피 보편적 가치라는 것은 합리적이고 정상적인 생각을 가진 사람들이 공감하고 이해하는 가치라고 생각합니다. 다시 말하면 합리적이고 객관적인 기준에 적합한 가치를 가지고 만든 정책이 '그래, 이런 정책은 필요하고, 타당한 정책이야' 하면서 동의하거나 지지하는 정책 정향이라고 할 수 있습니다.

특정 계층이나 사회의 일부만을 위한 사회정책은 보편적 가치를 갖추지 못했기 때문에 일류정치, 일류국가의 사회정책으로서는 적합하지 않습니다. 단순하게 말하면 합리적인 사람들이 합리적이라고 생각하는 정책이 필요한 것이고, 그것이 보편적 가치라고 할 수 있는 것이지요.

미래지향적 정책정향도 중요하다는 말씀이지요?

네, 그렇습니다. 그런데 단순하게 미래지향적인 정책 성격만을 생각한다면 거의 대부분의 모든 정책이 미래지향적인 것이 아니냐고 여러분이 반문할 수 있습니다.

그럴 수도 있습니다. 그런데 제가 강조하고 싶은 미래지향적 정책 정향은 단순히 미래만을 생각한 정책이 아니라 변화된 상황에 제대로 대처하지 못하는 정책을 변경하고, 다가올 미래에도 필요하다고 합리적으로 생각될 수 있는 정책을 선제적으로 만들려는 태도입니다.

우리가 미래의 상황을 정확하게 예측하는 것은 불가능합니다. 그렇지만 현재 진행되고 있는 상황에 비추어 볼 때, 앞으로 어떠한 것들이 필요하고 그것을 위해서 어떤 미래가 펼쳐질 수 있다는 합리적 추론은 가능합니다.

합리적 예상이 전혀 다른 쪽으로 나타날 수도 있지만 현재의 잘못된 부분이나 부정적인 것을 고쳐야 더 나은 정책이 나올 수 있다는 평가와 예상은 가능합니다.

바로 이러한 가치판단에 근거하여 정책을 제시하는 것이 미래지향적 정책입니다. 미래지향적 정책이라고 해서 합리적 평가에서 많이 벗어나는 것은 미래지향적 정책으로서 의미가 없습니다. 합리적 기준과 객관적 현실을 반영한 미래지향적 정책만 의미 있는 정책입니다.

이쯤 되면 사회정책이 갖추어야 할 보편적 가치와 미래지향적 정책 정향이 무엇인가에 대한 설명이 될 수 있겠지요.

일류정치를 위한 구체적인 사회정책을 제시해주시죠.

저출산 문제와 연관지어 일류정치의 사회정책으로 생각될 수 있는 정책을 하나 제시해 보겠습니다.

앞에서 말씀드린대로 우리 정부는 2006년 저출산 해소정책 예산을 처음 편성한 이후 15년 동안 280조원이 넘는 예산을 지원했지만 오히려 합계출산율은 1.13명에서 0.78명으로 줄었습니다. 저출산 해소정책이 전혀 효과를 내지 못했다는 반증이라고 할 수 있겠지요.

저출산의 원인으로는 여러 가지가 제시되고 있지만 대체로 교육비, 경제적 부담, 주거 문제 등이 제시되고 있습니다. 이런 원인들이 타당한 것으로 생각된다면 이것을 해결하는 것이 바로 저출산 해소 정책이라고 할 수 있겠지요.

저는 저출산 해소 정책으로 출생률을 높이기 위한 억지 정책보다는 보다 실현가능성이 큰 정책을 제시해볼까 합니다.

예를 들면 저출산 해소정책 예산을 출산 전이 아니라 출산 이후에 지급하는 정책이 필요할 것 같습니다. 그동안의 저출산 정책 예산이 주로 출산 전에 지출하는 것에 초점이 맞추어져 왔지만 실효를 거두지 못했기 때문입니다.

좀더 효율적인 지원정책으로 출산을 한 부부에게는 1억원의 저출산 해소 지원금을 주는 것입니다. 출산 이후 곧바로 1억원을 지급하는 것이 아니라 현재 0세에서 6세까지는 정부가 다양한 명목으로 주는 지원금을 유지하면서 아이가 초등학교에 입학할 때 1천만원, 중학교에 입학할 때 2천만원, 고등학교에 입학할 때 3천만원, 그리고 고교 졸업 후에 4천만원을 지급하는 것입니다.

고교 졸업 후 대학에 가지 않는 학생들도 있기 때문에 대학입학과 상관없이 고교 졸업과 동시에 4천만원을 지급하는 것입니다. 이렇게 되면 교육비 문제로, 경제적 이유로 출산을 하지 않는다는 원인은 일차적으로 해소하면서 출생률을 높일 수 있는 가능성이 크게 높아질 수 있다고 생각합니다.

미래지향적인 사회정책에 대한 또 다른 예는 없을까요?

예, 있습니다. 다문화인구 정책을 들어보겠습니다.

다문화인구란 「다문화가족지원법」의 정의를 준용하면 한국인과 결혼이민자 및 귀화·인지에 의한 한국 국적 취득자로 이루어진 가족의 구성원을 의미합니다. 우리나라에서 다문화 인구는 오래 전부터 존재했지만 다문화 인구동태 통계는 2008년부터 작성하기 시작하였습니다.

통계청의 인구총조사에 의하면 2021년 현재 다문화인구는 1,119,267명입니다. 그러나 실제로 불법체류 외국인 등 다양한 이유로 인해 통계에 잡히지 않는 인구, 여기에 한국에 장·단기로 거주하는 외국인까지 모두 합하면 200만명 정도의 다문화인구(가족구성원으로 등록되지 않은 외국인 포함)가 한국에 거주한다는 평가들이 많습니다.

다문화인구는 우리나라의 인구구성에서 아직 미미한 수준이지만 출생아 비율을 보면 전체 출생률에서 다문화 출생률이 차지하는 비율은 2011년 4.7%, 2016년 4.8%, 2020년은 최고치로 6.0%, 그리고 2021년 5.5%를 차지하면서 상당히 높다고 할 수 있습니다.

혼인 건수도 2011년 9.3%, 2016년 7.7%, 2019년은 최고치로 10.3%, 그리고 2021년은 7.2%를 차지하면서 최근 감소세가 나타나고 있지만 전체 혼인 건수에서 차지하는 비율이 상당히 높다고 볼 수 있습니다.

통계로 보면 다문화인구는 전국 각지에 골고루 분포되어 있고, 다문화인구가 다양한 경제활동에 종사하면서 한국에서 다문화 인구의 중요성이 점차 증대되고 있습니다. 특히 노령인구가 대부분인 농촌에서 다문화인구의 역할은 상당히 중요한 것으로 평가되고 있습니다.

다문화인구가 우리 사회에서 중요한 지위와 역할을 할 가능성이 점차 증대하고 있다는 사실은 부정할 수 없는 현실이 되어 가고 있습니다. 그렇지만 아직도 다문화인구에 대해 중앙정부 차원에서 독자적인 기구나 제도 하에 관리가 되지 않고 있습니다. 예를 들면 여성가족부의 다문화가족과 정도에서 이 문제를 다루고 있고, 지방자치단체에서도 다문화 팀이나 과 수준에서 이 문제를 다루고 있을 뿐입니다.

미래사회에 중요한 다문화인구 정책이 소홀하다는 말씀이군요?

그렇습니다. 다문화인구가 농어촌에서는 물론 도시의 중소기업이나 소규모 공장이나 사업장에서도 아주 큰 역할을 담당하고 있습니다. 과거 우리나라 젊은 사람들이, 장기적인 차원에서 미래가 불확실하다거나 3D(Dirty, Difficult, Dangerous, 더럽고, 어렵고, 위험한 직업)업종이라고 취업이나 담당을 기피했던 분야나 역할을 다문화인구로 대체되어 그 일을 담당하는 경우가 상당히 많습니다. 그 분들이 참으로 힘든 일들을 잘 해주고 있습니다.

싱가포르는 영국과 말레시아로부터 독립하여 545만명의 적은 인구를 가지고 아시아에서 최고인 1인당 GDP 72,000달러, 런던, 뉴욕, 도쿄에 이어 세계4위의 외환시장을 가진 아시아의 금융허브, 그리고 시장경제와 교육 선진국으로 평가받고 있습니다. 그런 평가를 받을 수 있도록 싱가포르를 발전시킨 지도자가 고인이 된 리콴유 총리라는 점을 여러분은 잘 알고 있을 겁니다.

리콴유 총리는 재직 시에는 물론 퇴임 이후에도 싱카포르가 현재와 같은 성공을 거둘 수 있었던 요인으로 시장경제, 영어공용화, 그리고 적극적인 다문화인구 유입을 들었습니다.

그러면서 20여년 전에 노동력 부족과 출산율 저하 경향을 보면서 한국도 중진국을 넘어 선진국으로 도약하거나 더욱 발전하기 위해서 다문화인구의 적극적인 유입과 활용을 충고한 적이 있습니다.

고(故) 리콴유 총리는 혜안을 가진 지도자였군요?

네, 저는 그렇게 봅니다. 그러나 리콴유 총리의 조언을 차치하고서라도 현재 농촌소멸 이야기까지 나오고 있는 상황과 노동력 부족으로 중소기업의 고사 위기까지 논의되는 상황에서 다문화인구나 외국인 노동력에 대한 활용 정책은 대단히 시급합니다.

따라서 비록 현재 규모는 작지만 다가올 20년 이내의 상황에 대비하여 '다문화청' 같은 제도와 기구를 만들어 선제적으로 다문화인구 정책을 추진하는 것이 필요합니다.

당장 사회에서 일어나는 문제들에 대한 정책도 필요하지만 그것에만 치중하면 요즘처럼 급박하게 변화하는 문제에 대해서도 적절한 시기에 정책을 내놓기가 어려울 뿐만 아니라, 더욱이 미래 문제에 대해서는 전혀 손을 쓸 수 없는 상황으로 내몰리게 됩니다. 그렇기 때문에 지도자들이 좀더 바른 식견과 안목을 가지고 미래에 대처하는 능력이 필요합니다.

영국이 최근에 영국 역사상 최초의 백인이 아닌 인도계 수낵 총리를 내세워 위기를 극복하려는 노력을 타산지석으로 삼아야 하는 지혜가 우리에게도 필요합니다.

다문화 관련 전문 부서의 창출과 다문화 발전 정책 실시가 노동력이 부족한 지역이나 부문의 어려움을 해소하고, 갈등이 상존하는 사회를 아우르고 협력하는 분위기를 창출해 낼 수 있다는 점에서 시급하게 필요한 정책이라고 봅니다.

보편가치적인 사회정책 정향도 필요하다고 말씀하셨죠?

네, 앞에서 제가 사회정책이 가져야 할 중요한 정향으로 언급했었죠. 보편적 가치라는 것은 사회구성원 대부분이 동의하고 긍정하거나 허용하는 기준을 의미합니다.

2012년부터 8년 동안에 몇 개 대학에서 신입생 선발 특별전형 과정에 '민주화 유공자 전형'이 기회균등전형이라는 명목으로 백여명 이상을 선발한 경우가 있었습니다. 부모가 민주화 운동을 했다는 이유로 자녀가 대입에서 유리한 입장에서 선발된 것입니다.

해당 대학에서는 사회의 다른 사회적 배려자와 동등한 입장에서 기회균등 자격으로 선발되었다고 하지만 사회균등전형, 특별전형에서 요구하는 다른 분야는 대체도 동의할 수 있지만 민주화 운동 관련자 자녀의 입학에 대해서는 사실상 보편적 가치를 인정하는 것에 대해 수험생을 둔 대부분의 학부모들이 동의하지 않는 것 같습니다.

과거 권위주의 정권을 타파하고 자유민주주의로 전환하는 과정에서 과연 민주화운동 관련자 자격으로 선발된 학생들의 부모들만이 다른 분들과 다르게 배타적으로 민주화운동에 특별히 헌신한 것이라는 점에 대해 논란이 있습니다. 특히 그런 분들은 이미 민주화유공자법의 테두리 안에서 상당 부분 그 공적을 인정받아 국가가 예우를 하고 있는데, 또 다른 특혜를 부여한다는 지적입니다.

사실 민주화운동은 소수의 사람들에 의해서 이루어진 것이 아니라 권위주의 시대에 살았던 대부분의 사람들이 참여한 운동입니다. 최근의 대표적인 5.18광주민주화 운동과 1987년 6.10 민주화 운동에서는 그 시대를 살았던 대부분의 국민들이 형태는 다르지만 최루탄에 눈물, 콧물 흘리고, 시위진압대의 곤봉 맞고, 또 막으면서 돌 던지고, 유인물 돌리면서 권위주의 정권에 항거하지 않았습니까? 우리 모두가 힘을 보태고, 한마음으로 애쓴 결과 대통령 직선제와 자유민주주의의 가치와 인권을 쟁취하여 오늘에 이르고 있지 않나요?

그런데도 불구하고 이들 중에서 몇몇 사람들의 자녀만을 위한 전형이 마련된 것에 대해 많은 국민들이 동의하지 못하는 부분 아닐까요? 잠 못자고, 코피 흘리며 공부하였음에도 불구하고 대입에서 낙방한 학생들과 학부모들은 물론 다른 학부모들도 보편적 가치로 동의할 수 없는 대입전형이라는 것에 문제를 제기하는 것이라고 봅니다.

그럼 보편적 가치를 담은 사회정책, 어떤 정책이 있을까요?

완벽하게, 그리고 보편적 가치로서 인정할 수 있는 사회정책이라고 확정할 수 없지만 그와 유사한 효과를 갖는다고 생각되는 다른 정책을 하나 들어보겠습니다.

여러분은 우리나라에서 장기를 이식받지 못해 생명을 잃는 사람이 하루에 몇 명이나 되는지 생각해 보셨습니까?

우리나라에서 장기이식을 기다리다가 사망하는 환자의 수는 2016년 1,318명, 2017년 1,597명, 2018년 1,891명, 2019년 2,136명, 2020년 2,194명으로 매년 늘고 있습니다. 또 장기이식 수술을 받기 위해 대기하는 시간은 지난해 기준 평균 1,850일이라는 조사자료도 있습니다. 어림잡아도 하루에 6명 정도가 장기이식을 받지 못해 사망하고 있는 현실입니다(2022년 국회 국정감사에서는 하루 6.8명이 장기 이식 대기 중에 사망했다는 발표도 있었습니다).

최근의 장기 이식 대기자와 기증자 자료를 보면 이식대기자는 2018년 37,217명, 2019년 40,253명, 2020년 43,182명인데 기증자(뇌사 기증자, 생존시 기증자, 사후 각막 기증자 모두 포함)는 2018년 3,405명, 2019년 4,457명, 2020년 4,425명입니다.

특히 우리나라 우리나라의 뇌사 기증률은 인구 100만명당 9.22명 정도로 미국(38.03명), 스페인(37.97명), 영국(18.68명) 등과 비교했을 때 낮은 편입니다.

생존 시는 물론이고 뇌사 상태에서도 장기 기증을 하는 분들은 어떤 이유에서든지 존경스러움을 넘어 말로 표현할 수 없는 너무도 고귀한 삶의 모습과 자취를 보여준 분들입니다. 이 분들이 댓가를 바라고 한 행동은 아니지만 적어도 우리 사회가 이 분들에 대한 예우에 소홀해서는 안된다고 생각합니다.

이 분들에 대한 예우 중 하나로 그 분들의 후손들에게 대학 입시에서 사회적 배려와 기회균등 입학을 부여하는 것(예를 들면 '생명나눔(장기기증자) 자녀 특례입학 전형)이 있으면 어떨까요?

이런 대입선발 전형방법은 방금 지적한 민주화 유공자 전형보다는 더 보편적이고 미래지향적 가치를 가진 정책이 아닐까 합니다.

산업화와 민주화를 달성하고 선진국을 지향하는 우리는 이제 인류 보편 가치, 미래가치에 눈을 돌려야 일류정치, 일류국가가 될 수 있습니다.

지극히 필요하면서도 보편가치적인 정책이군요.

그렇다고 볼 수 있습니다. 우리 주변을 돌아보면 꼭 필요함에도 불구하고 놓친 정책들이 있습니다. 지도자급 인사들은 항상 이런 부분에 대해서 관심을 갖고 정책을 입안하고 실시하는 지혜가 필요한 경우가 많습니다.

제가 간단하지만 그런 정책 사례를 하나 제시하겠습니다. 국민들에게 잘 알려지지 않았지만 가끔 신문이나 언론을 통해 나오는 지도자급 인사들의 선물이 있다는 사실이 알려지곤 하지요.

우리나라는 공무원, 공직 유관단체 및 공공기관 임직원, 사립학교 교직원, 언론사 임직원들의 부정부패를 방지하기 위하여 소위 김영란법으로 알려진 '부정청탁 및 금품 등 수수의 금지에 관한 법률(청탁금지법)이 2016년 9월부터 시행되고 있습니다. 음식물 3만원, 경조사비 5만원, 화환, 조화 10만원, 그리고 선물은 5만원(농

수산물은 10만원)까지 허용하는 법안입니다. 법안 통과과정에서 이해충돌방지 삭제, 가족 범위 축소, 국회의원 제외 등 처벌 대상이 축소되어 논란이 있었지만 현재 시행되고 있는 법안입니다.

아마도 이 범위에서 대통령이 설이나 추석 명절에 국회의원, 장·차관, 대통령실 직원들과 유관인사들에게 선물을 주는 것으로 알려져 있지요.

저는 이 선물을 사회의 지도자급 인사들 대신에 우리사회에서 가장 고생하는 분들 중의 하나인 전국의 환경미화원들과 독거 노인 등 최저생계대상자들에게 보내는 것이 맞다고 생각합니다. 국회의원, 장·차관, 고위공직자들은 명절 선물 안받아도 살 수 있고, 충분히 독자적으로 그 물건들을 살 수 있는 능력이 되는 분들입니다.

그렇지만 환경미화원, 최저생계대상자들은 능력에 있어서도 쉽지 않지만, 그 분들이 대통령이나 사회지도급 인사들로부터 선물을 받았을 때 자긍심을 높이는 것은 물론 생활에도 도움이 될 수 있기 때문입니다.

국회의원, 장·차관, 대통령실 직원들과 유관인사들에게 보내는 선물을 폐지하고 그 대신 정말로 어려운 사회적 약자들에게 선물을 드리는 정책이 훨씬 더 보편가치적 정책이라고 봅니다.

일류정치를 위한 개인차원의 정책 핵심은 무엇입니까?

일류 정치를 위한 국가, 정당, 사회 차원의 정책들이 각각의 핵심 가치를 가지고 있듯이 개인 차원의 정책은 바로 '평등 가치, 공정 가치'라는 본질을 담아야 한다고 생각합니다. 저는 '평등 가치'와 '공정 가치'는 서로 다른 차원의 것이 아니라 동전의 양면과 같다고 봅니다.

먼저 제가 말하는 평등은 기여는 달라도 보상은 동일한 결과의 평등을 말하는 것이 아닙니다. 그런 평등은 플라톤이 주장했던 통치 계급이 실천해야 할 공동생활, 재산과 가족의 공유 사상에서부터 시작하여 마르크스의 공산주의사회는 물론 현실적으로 공산주의를 표방하고 했던 구소련, 중국, 쿠바, 북한 등 현실세계 어디에서도 실현된 적이 없었습니다.

그런가하면 제가 말하는 공정 가치는 기여와 노력의 정도와 상관 없이 너와 내가 모두 함께 이기고, 동일하게 나누는 것이 아니라, 더 많이 더 열심히 노력한 사람이 그에 상응하는 결과와 성취를 얻는 것입니다. 다만 기회의 평등만은 철저하게 보장해 주는 것이 공정 가치라고 할 수 있습니다.

따라서 정당한 평등 없이 올바른 공정이 성립될 수 없다는 것이 보다 바른 것이고 지향해야 할 가치라는 점에서 저는 평등 가치와 공정 가치가 동전의 양면을 의미한다고 봅니다.

결국 제가 여기서 말하는 평등과 공정가치는 플라톤이 말하는 정의, 즉 각자의 자리에서 최선을 다한다는 의미가 내포된 가치입니다.

제 이야기와 연관지어 최근에 『생에 감사해』(2022.12)라는 책을 발간한 배우 김혜자씨가 최근의 한 인터뷰에서 본인은 연기 이외에 아무 것도 할 줄 모르는 사람이라면서 “우리 국민은 골목 식당부터 대기업 사무실까지 어떤 역이 주어지든 최선을 다해 해내고 있어요. 정치인들은 자기들이 최악이라는 사실조차 모르죠. 삼류 막장 드라마인데 나라가 걱정돼 안 볼 수도 없고. 불안해서 잠을 못 이룰 때가 많아요.”라고 말하면서 그래도 이 나라가 망하지 않는 것은 “열심히 사는 보통 사람들이 지탱하고 있기 때문”이라는 말이 떠오릅니다.

‘평등과 공정 가치’를 가진 개인차원의 정책은 어떤 것이 있을까요?

네, 제가 우리 사회에서 상당히 민감하게 받아들여 질 수도 있지만 기업 대표에 대한 개인 정책 문제를 제시해 보겠습니다.

여러분이 잘 아시다시피 우리나라는 개인의 자유와 평등은 물론 권리와 책임을 견지한 주권이 개인에게 있는 공화제로서 자유민주주의와 시장경제를 근본 원칙으로 운영되고 있습니다. 그런데 이 원칙을 제대로 지키지 않거나 또 예외적으로 적용하려는 상황들이 종종 나타나고 있습니다.

우리나라에서 기업을 하는 사람들 중 대부분은 여러 가지 어려움 속에서도 개인은 물론 기업과 국가 발전을 위해 부단히 노력하고 많은 공헌을 해 온 것이 사실입니다. 그래서 그런 분들에 대해 존경하고 존중하며 사회나 국가가 그들의 공헌을 인정해 주고 있습니다.

그런데 그 중에서 소수의 사람들은 자신들의 공헌이나 노력을 지나치게 개인적으로 악용하는 사례를 보인 것도 사실입니다.

우리는 기업을 하면서 탈법과 불법을 자행한 기업 대표들이 기소되거나 구속이 되면, 그동안 멀쩡하게 보였던 사람들이 건강상의 문제를 포함하여 갖은 핑계와 이유를 대면서 법망을 피해가거나 사면을 주장하는 경우를 종종 보아 왔습니다. 평소에 멀쩡하게 지내던 사람들이 꼭 범법이나 탈법, 불법행위가 적발되었을 때 갑자기 발병하거나 갖은 핑계를 댑니다.

특히 그런 부류의 건전하지 못한 기업인들은 자신들이 그동안의 업적이 크고, 또 본인들이 회사에 출근하지 못하면 회사가 어렵게 되고, 그렇게 되면 일자리 창출을 비롯하여 사회적으로 큰 손실이 될 수 있다고 사기(?)를 치거나 겁박(?)하는 경우를 많이 보아왔습니다.

가끔씩 보는 불편한 현상이지요.

여러 번 봐왔지요. 과연 그들 말이 사실일까요? 저는 그것은 구속이나 수감생활을 면하기 위한 핑계나 변명에 지나지 않을 뿐이며, 그런 핑계에 동의할 수 없습니다. 기업의 대표나 총수들이 범법 행위를 할 때마다 그들은 대규모의 호화 변호인단을 구성하여 법망을 빠져나가고, 구속을 회피하고, 보석금을 내고 출소하고, 감형을 받고, 심지어 사면, 복권까지 받는 정말 불평등한 현실을 만끽하며 살아온 사람들이 있습니다.

이런 행동은 법 앞의 평등이라는 지극히 단순하고 명쾌한 원칙을 송두리째 무너뜨리는 악행입니다. 기업 대표나 총수들은 개인을 넘어 공인의 성격을 더 많이 가진 사람들이기 때문에 이들에 대해서 절대로 사면, 복권을 시키면 안됩니다. 사악하고 공정하지 못하고 불평등을 반복적으로 하는 모습이기 때문입니다. 엄격한 처벌을 내려야 하는 것이 평등에 준하는 행동이라고 할 수 있습니다.

다양한 방법을 통해 법망을 교묘하게 빠져나가려는 기업인들에게 다른 사람과 다른 불공평한 단죄가 아니라 누구에게나 평등하게 적용되는 평등한 잣대와 원칙으로 대우하여야 합니다. 그렇게 될 수 있도록 원칙이 확립된 개별 정책이 바로 '평등과 공정가치'에 근거한 정책이라고 봅니다.

진정한 공정과 평등이 필요하다는 말씀이군요.

그렇습니다. 세종대왕의 인재 등용 방식이 바로 진정한 공정과 평등을 보여 준 것이 아닌가 합니다.

여러분이 잘 아는 세종 시대의 최윤덕 장군의 사례를 들어보겠습니다. 최윤덕 장군은 만오천명의 군대를 이끌고 압록강 연안의 중강진 건너편에 사는 여진족을 토벌하여 우리나라 국경을 압록강과 두만강까지 넓히는 역할을 하였었지요.

그런데 그 최윤덕 장군은 일찍이 어머니를 여의고, 아버지 최운해는 국경 수비로 나가있는 동안 경남 합포에서 그릇을 만드는 양수척이라는 인물 집에서 자란 탓으로 학문을 익힐 기회가 없었으나 활쏘기에 능했습니다. 그런데 조선 초기 문장가, 저술가로 여섯 임금을 섬긴 대학자이며 관료이면서 『동문선(東文選)』의 저자인 서거정의 부친인 서미정이 합포 수령으로 왔을 때 그 지역에서 소문난 명궁수 최윤덕을 알아보고 활쏘기와 기마 등 병술을 익혀 최고의 명장으로 거듭날 수 있도록 연마하였습니다.

그런 최윤덕이 여진족을 압록강변에서 물리치고 큰 공을 세운 뒤에 우의정에 제수될 때, 본인은 무신 집안 출신으로 손오의 병서를 간략히 익힌 것 뿐으로 막중한 국사를 논의하는 의정(議政)의 직책에는 적합하지 않다는 이유로 극구 사양하였습니다.

그런 최윤덕을 보고, "사람됨이 비록 학문의 실력은 없으나 마음가짐이 정직하고 또한 뚜렷한 잘못이 없으며, 용무(用武)의 재략이 특이하다"는 김종서의 평가를 바탕으로 세종대왕이 최윤덕은 비록 배우지 않아서 아뢰는 데 어두우나 밤낮으로 게으르지 아니하고 일심봉공(一心奉公)하니 족히 그 지위(우의정)를 보전할 것"이라며 우의정에 앉혔습니다.

국가의 최고 자리중 하나인 우의정을 앉히는 일에 대해 그 자격요건은 물론 인물 됨됨이 등 많은 갑론을박의 토론과 논의가 있었음에도 불구하고 세종은 최윤덕이 높은 학식은 없을지언정 파벌 싸움과 정쟁을 공정하게 다스릴 수 있다는 생각에 그를 등요하였다.

최윤덕을 등용하면서 세종이 최윤덕은 "가정에서 훌륭한 장수의 기풍을 전해왔고, 대대로 충의롭고 곧고 굳은 절개와 의리를 지켜왔으며 밖으로 나가 국경을 지키는 일에 크게 이름을 날렸는데, 정승은 바로 이런 사람이 하는 것"이라고 하였다.

우리가 일반적으로 세종의 인재등용 원칙으로 임현사능(任賢使能, 일을 기획할 수 있는 안목과 관리 능력을 가진 탁월한(賢) 인재에게 위임하고(任), 맡겨진 일을 성공적으로 완수해내는 유능한(能) 인재를 부리는(使) 인재 경영 능력)과 신상필벌(信賞必罰)을 말합니다.*세종의 인재발탁 일화에 대해서는 박현모, 『세종의 적솔력』(서울: 흐름출판, 2016) 참조.

이것을 요즘말로 고치면 인재 등용에서 공정과 평등의 가치를 최고로 실현한다는 말이고 최윤덕 장군의 우의정 발탁도 이 사례의 하나로 볼 수 있습니다.

인재등용에서도 평등과 공정가치가 중요하다는 말씀이군요.

네 그렇습니다. 세종대왕의 공정가치에 근거한 인재등용 사례를 하나 더 들어보겠습니다. 바로 인사에서 많이 회자되고 있는 맹사성의 등용 사례입니다.

황희와 마찬가지로 맹사성은 고려 조정에 출사한 인물이었습니다. 그러나 이성계의 조선 건국에는 가담하지 않았습니다. 그래서 조선조 초기에 태조나 태종은 물론 동료 신하들로부터 상당한 압박을 받았었지요.

그러나 세종은 맹사성의 청렴결백하고 성실한 사람 됨됨이를 알아차려 맹사성을 중용하였습니다. 예를 들면 맹사성이 우의정을 지낼 때 『태종실록』을 편찬하는 감수관을 지냈는데, 하루는 세종이 완성된 실록을 보고 싶어 했습니다. 그러자 맹사성은 "왕이 실록을 보고 고치면 반드시 후세에 이를 본받게 되어 사관이 두려워서 그 직무를 수행할 수 없을 것입니다."하고 세종의 명령을 거부했을 정도로 청렴결백하였습니다. 세종도 바로 맹사성의 그와 같은 인품과 능력에 반하여 그를 등용하여 좌의정까지 벼슬을 살게 하였습니다.

그런가 하면 지방 발령을 꺼려 병들었다고 거짓말한 조극관을 전라도에 유배 보낸 사실이나 승정원 지신사(나중에 도승지로 개칭, 현 대통령 비서실장) 조서로의 간통 사실이 확인되자 즉시 그를 파직하고 경상도로 귀양보냈는데, 이것은 세종의 신상필벌의 또 다른 사례로 종종 인용됩니다.

결국 진정한 공정과 평등은 능력중심주의를 추구하는 현대사회의 가장 중요한 개인정책의 덕목이 아닐까 하는 생각이 듭니다.

보다 현실적인 평등과 공정가치에 근거한 개인정책이 있을까요?

네, 사회정책과 맞물려 있는 개인정책으로서 상당히 민감하지만 반드시 필요한 정책이 있지요. 이 정책은 사회차원의 정책, 장당차원의 정책, 그리고 국가차원의 정책과 맞닿아 있는 개인 차원의 정책입니다. 바로 전국민 균등연금 문제입니다.

현재 우리나라는 공적연금은 직업에 따라 국민연금, 공무원연금, 군인연금, 사학연금으로 이루어져 있습니다. 그런데 각 연금의 급여에 있어 차등이 있어 논란이 많습니다. 그래서 모든 정권이 들어설 때마다, 그리고 대통령과 국회의원 선거가 있을 때마다 연금개혁이 단골메뉴로 등장합니다. 선거 직전에는 모든 후보들과 정당들이 연금개혁에 동의하고, 집권하자마자 개혁을 시작하겠다고 호언장담을 했지만 당선된 이후에는 이런 저런 핑계를 대면서 개혁을 뒤로 미루었지요.

그 이유는 간단합니다. 선거 전에는 국민연금 가입자가 공무원연금, 군인연금, 사학연금 가입자 보다 많아 그들의 눈치를 살피다가 선거가 끝나면 오히려 오피니언 리더격에 속하는 공무원, 군인, 사립학교 교직원의 지지가 더 필요하기 때문에 국민연금 가입자들을 무시하는 것이지요.

박근혜 정부의 공무원연금 개혁은 1960년 공무원연금이 도입된 이래 최초로 전체 재직 공무원의 연금액을 삭감하고, 연금을 받는 연령도 60세에서 65세로 단계적으로 연장하는 등 재직 공무원의 고통 분담을 최대한 이끌어내, 국민 부담을 줄어들게 하였다는 점에서도 큰 의미가 있다는 평가를 받기도 했습니다.

공무원 연금에 기여하는 국민들의 부담을 덜어주었다는 것은 국민 개개인들에게 평등과 공정가치를 부여한 정책으로 평가받을 수 있다고 생각합니다.

그러나 연금개혁은 이후 이해 당사자들 사이에 많은 논란은 물론 정치권의 이해관계에 따라 어처구니 없는 논리로 많은 논란이 제기된 것이 사실입니다.

이런 상황이 전개되자 이후에는 말로만 연금개혁을 내세우고 정작 법률안 발의나 제정 등에 대해서는 지극히 소극적인 상황으로 전개되고 있다는 생각이 듭니다.

모든 개혁에 저항이 있는 것 아닙니까?

그렇습니다. 개혁을 말하면 그 대상이 되는 사람들은 보수를 표방하는 세력과 진보를 주장하는 인사를 막론하고 갖은 논리를 만들어서 무조건 반대를 합니다. 이들은 진정한 보수도 올바른 진보도 아니고 다만 보수와 진보의 탈을 쓰고 자신들의 이익만을 추구하는 이기주의자이고 기회주의자들일 뿐입니다.

저는 국민의 세금으로 유지되는 공무원연금과 군인연금은 다른 국민들이 받는 국민연금과 통합하여야 한다고 생각합니다.

일차적으로 공무원연금, 군인연금을 국민연금과 통합한다면 정부 보전금(기여금)에 들어가는 국민세금과 국민들이 받게 될 급여에 있어 많은 논란이 있겠지만 그것을 조정하여 전국민 균등연금으로 가는 것이 연금개혁의 궁극적 방향과 목적이 되어야 한다고 생각합니다.

그 이유는 국민들이 부담하는 부분에 대해서는 모든 국민에게 균등하게 혜택이 돌아가는 것이 평등과 공정가치에 기반한 정책이라고 할 수 있기 때문입니다. 그렇게 된다면 국민들이 연금 분야에 들어가는 세금에 대해서는 모두 동일하게 급여를 받기 때문에 국민간 갈등이 없어질 수 있다는 생각도 해봅니다.

그렇게 되기 위해서는 세금제도의 개편(예를 들면 덴마크처럼 근로소득자 모두가 세율은 다르지만 세금을 내고, 세금으로 구축된 단단한 사회안전망으로 환원받는 구조) 같은 것이 동시에 이루어져야 한다고 봅니다. 그리고 궁극적으로 전국민에게 상대적 평등에 기초한 평등과 공정가치를 제공할 수 있다고 생각합니다.

아마도 모든 근로소득자들에게 세금을 걷자고 하면, 부자에게 더 많이 받아서 충당하면 되지 쥐꼬리만한 소득자들에게도 세금을 걷는다고 거대한 논란을 획책하고 악용하려는 사람들이 들끓겠지만 그것을 극복하고 전국민 균등연금으로 일원화하여 '평등과 공정가치'를 실현하여 일류정치, 일류 국가로 나아가는 것이 필요하다고 봅니다.■

나는 일류정치를 만드는 주인공

일류정치는 절대로 몇몇의 지도자들에 의해 만들어질 수 없습니다. 그 지도자들은 우리의 대리인으로 권리를 위임받아 행동할 뿐입니다. 그 대리인들이 제대로 역할을 못할 때 주인(MASTER)으로서 우리가 일상생활에서 MASTER를 실천해야 합니다. 그리고 일류정치, 일류국가에서 인싸가 되려면 INSA를 실천해야 됩니다.

다섯

나는 일류정치를 만드는 주인공

우리가 일류정치를 만드는 주인공이라고요?

네, 그렇습니다. 우리들 중에서 일부는 지도자이고, 또 어떤 사람들은 곧이어 지도자가 될 수도 있고, 또 지도자 부류에 속하는 인물로 성장할 수도 있습니다. 그러나 우리 중의 대부분은 지도자로 평가되지 않을 수 있지만, 그 지도자들을 만들고, 또 일류정치를 만드는 주인공이 될 수 있다는 사실은 부정할 수 없는 현실입니다.

일류정치는 지도자들만이 만들어 가는 것은 아닙니다. 특히 소수의 지도자들이 일류정치를 만드는 것은 불가능 합니다. 오히려 일류정치를 할 수 있는 지도자를 만드는 사람들이 일류정치를 만들 수 있습니다. 그런 점에서 본다는 일류정치를 만드는 과정에서 우리가 핵심이라고 할 수 있습니다. 단지 우리 스스로 그런 역할을 한다는, 그리고 할 수 있다는 인식을 하지 않았고, 또 못했을 뿐입니다.

그러다 보니 최근에 국민들을 아주 우습게 보는 일들이 영화와 실생활에서 언급되었었는데, 그런 시각이 우리사회에 만연된 것은 아닌가 하는 안타까움이 있습니다.

저는 우리나라 국민들은 높은 교육수준과 우수한 능력을 갖춘 국민들로 누구도 함부로 할 수 없는 수준을 갖춘 국민들이라고 생각합니다.

그런데 우리나라 국민들의 수준이 지나치게 폄훼되어온 거 같아요.

네, 저도 그런 의견에 동의합니다.

몇 년 전에 인기를 끌었던 한 영화에서 언론인 역을 한 배우가 "어차피 대중들은 개, 돼지입니다. 거 뭐하러 개, 돼지들에 신경쓰시고 그러십니까? 적당히 짖어대다가 알아서 조용해질 겁니다"라는 대사가 있었는데, 아무리 영화라고 하지만 상당히 충격적이었습니다. 감독이나 작가가 영화라는 수단을 빌어 국민들을 비하하는 것은 아닌지 참으로 어이가 없었습니다.

그런가하면 자신은 제 자식들을 부정한 방법으로 대학원에 보내고, 의전원에 입학시킨 어떤 전직 교수는 "모두가 용이 될 수 없으며, 그럴 필요도 없고, 그냥 개천에서 가재, 붕어, 개구리로 살아도 행복한 세상을 만드는 것이라며, 하늘의 구름 쳐다보며 출혈경쟁하지 말고 예쁘고 따뜻한 개천을 만드는데 힘을 쏟자"며, 국민들을 비하하는 듯한 말을 했던 것도 기억하실 겁니다.

본인은 일류대학 교수로 재직하면서 상상할 수 없는 부정한 방법으로 살아가면서 그렇게 하지 않고, 오히려 정직하고 성실하게 살아가는 사람을 비하하는 것은 천박하기 짝이 없는 행동이 아닐까요?

공적인 활동에서 국민 폄훼 발언도 나왔지요?

네, 그렇습니다. 가장 최근에는 감사원 감사과정에서 확인된 것인데, 문재인 정부 시절 4대강 보 처리 방안을 결정하는 기획위원회의 한 위원이 '보 해체' 상태를 모델링하지 않고 '보 설치 전'과 '보 개방 후' 측정자료를 활용하면서, (자신들이 잘못된 자료를 사용해도) "우리가 설치 전 수치를 쓰는 게 아무 생각 없는 국민이 딱 들었을 때 '그게 말이 되네'라고 생각할 것 같다"고 말했다고 합니다.

그동안 우리 순진한 국민들은 이처럼 국민을 모욕적인 언사와 인식에 대해 화를 내면서도 다른 한편으로는 이런 언동에 대해 속수무책으로 당하기만 한 것이 아닌가 하는 생각이 듭니다.

아니면 다른 사람은 그렇게 평가될 수 있지만 나만은 아닐 거라는 착각으로 살아온 게 아닌가 하는 생각도 듭니다. 그렇지 않고서야 어떻게 국민들에게 상당한 영향을 미치는 위치에 있는 사람들이 이런 망언을 계속할 수 있겠습니까?

그런데 한 가지 분명한 사실은 우리 국민들은 아무 것도 모르는, 그리고 그저 천박한 지도자급 인사들 논리를 따라가는 사리판단과 분별력이 없는 사람들이 아니라는 사실입니다. 그들보다 못나서가 아니라 그런 사람들을 상종하기가, 혹은 그런 말도 안되는 언사에 일일이 대꾸할 필요성이 없기 때문에 대응하지 않았을 뿐입니다.

사회가 너무도 어처구니없는 상황으로 돌진하는 것 같아서, 혹은 이제라도 그것을 바로 잡지 않으면 영원히 헤어 나올 수 없는 지경에 이르지 않을까 하는 두려움도 드는 것이 사실입니다. 그렇게 된다면 4류 정치에 매몰되어 그것이 4류정치인지도 모르고 살게 되지 않을까 하는 허무한 생각도 하게 됩니다.

그러면 어떻게 해야 4류정치의 굴레에서 벗어날 수 있을까요?

4류정치를 벗어나 일류정치를 펼치기 위해서 지도자들이 노력해야 하는 부분은 앞에서 대부분 언급했습니다. 이제는 우리 국민들 개개인이 해야 할 역할에 대해서만 말씀을 드리겠습니다. 즉 일류정치를 만드는 주인공으로서의 역할에 대해 얘기해 보죠.

매스터(MASTER)를 기억하라고요?

네, 그렇습니다. 여러분들이 일류정치의 주인공의 역할을 보다 쉽게 기억할 수 있도록 설명드리겠습니다. 주인 혹은 주인공을 영어로는 매스터(master)라고 하지요. 이 매스터의 여섯 글자로 일류정치를 만들기 위한 개인의 역할에 대해 설명을 해볼까 합니다.

가장 중요한 것은 '정신 바짝 차리기' 입니다. 영어로 쓴다면 정신적 자각을 의미하는 멘탈 에웨어너스(Mental awareness, M) 정도가 되겠지요. 다시 말하면 우리 자신들이 국가운영의 자가운전자(오너 드라이버)임을 자각하는 것이 필요하다는 말씀입니다.

국민들은 결코 정부나 지도자급 인사들의 소유가 아닙니다. 또 그들이 이끄는 대로 움직이는 로봇도 아닙니다. 그동안 우리는 자신들의 일이 바쁘고, 생활에 몰두하느라 우리들에게 아주 중요한 일이었음에도 불구하고 거기에 신경쓰지 못하고 국가와 사회가 잘 돌아가겠지 하는 순진한 생각을 하고 있었던 것은 아닐까요?

그런데 우리의 기대와는 정반대로 국가와 사회는 지도자급 인사들부터 시작하여 자칭 보수와 진보를 표방하는 기회주의자들인

기득권 세력들이 자신들은 최대한 이익과 실속을 차리면서, 겉으로는 '빛 좋은 개살구'마냥 말로는 국민들을 위한다는 번지르한 말만 앞세우고 실제로는 국민들을 무시하거나 살아가기 어렵게 내팽개친 것은 아닌가 하는 생각이 듭니다.

따라서 이제부터라도 정신을 똑바로 차려 개, 돼지나 가재, 붕어, 개구리 취급당하지 않으면서 오히려 우리가 그들에게 꼼짝달싹 못하는 역할도 주고, 우리를 대신해서 올바른 법안을 만들도록 더욱 다그칠 때가 온 거 같습니다. 그런 과정에서 자연스럽게 국민들을 우롱하는 언동이 없어질 수 있습니다.

매사에 특히 우리의 생사여탈권과 직결되는 법안을 만드는 문제에 대해 정신을 바짝 차리고 지도자급 인사들이 잘못을 하거나 올바르지 않은 행동을 할 때 엄중히 책임을 물을 수 있도록 정신을 바짝 차리는 것이 필요합니다.

당장 정신을 차려야겠는데요.

그렇습니다. 우리가 머리로만 알고, 가슴으로만 느껴서는 안되지요. 지도자들에게 자극을 주던, 아니면 우리가 직접 일류정치를 위한 행동을 하던 실천하는 것이 대단히 중요합니다. 영어로 표현하면 행동을 뜻하는 액션(Action, A) 정도가 되겠지요.

우리는 그동안 인재에 가까운 천재지변으로 인한 대형사건이나 인재로 인한 사건, 제대로 된 예측을 못해 일어난 사건, 대규모 부정부패 사건 등이 발생한 것을 보며 그것에 대해 흥분하고, 화도 내면서 문제를 해결하지 못한 각 분야의 지도자들이나 관료집단에 대해 참으로 많은 비난과 비판을 해왔습니다.

그럼에도 불구하고 다른 한편으로는 후속 조치들에 대해서 제대로 챙기지 못함으로써 사건, 사고가 되풀이되는 현실을 무수히 보아왔지요. 상식으로 이해되지 않는 일이 터지면 무척이나 흥분하지만 해당 분야에서 임시방편적 대책을 내놓으면 그것으로 흐지부지되고 너그럽게(?) 넘어가는 행태를 보여왔습니다.

그런 일을 하는 지도자나 정당이나 세력들에 대해 선거를 통해서 분명히 책임을 물을 수 있음에도 불구하고, 같은 고향 출신이니까, 같은 학교 출신이니까, 그리고 같은 편(진영)이라는 넓은 아량으로(?) 또 다시 지지를 보내는 어리석음을 되풀이 해 왔습니다. 그 편(진영)들을 내세우는 사람들은 항상 자기들 뱃속만 채울지언정 우리에게 항상 도움만 주지는 않습니다.

그러나 일류정치를 위해서는 입보다는 손발이 더 중요하다는 사실을 반드시 명심하여야겠습니다. 선거가 없을 때에는 국민청원에 동참하던지 아니면 적법하고, 민주적으로 진행되는 모임에 함께하던지 하면서 우리의 의사를 분명히 밝히는 용기도 필요합니다. 선거 때에는 정에 이끌려, 감정에 휘말려 국민들을 무시했던 정당이나 지도자들에 대한 지지를 과감하게 버리고 올바른 행동을 한 지도자나 정당을 지지하는 행동을 보여야 합니다. 시간은 걸리겠지만 말이 먼저가 아니라 행동을 우선하는 국민이 많을 때 일류정치는 자연스럽게 이루어진다고 생각합니다.

맛있는 음식 이야기를 아무리 해봤자 배가 부르지 않습니다. 배가 부르려면 밥을 먹어야 하듯이 우리가 일류정치를 하고, 일류국가를 만들려면 행동이 기본입니다. 일류정치는 하루 아침에 만들어지는 것이 아닙니다. 우리들이 조금씩 노력하고 지도자들을 일깨우고, 자극하면서 간다면 머지않은 미래에 이루어질 수 있는 꿈이라고 생각합니다.

천천히, 그렇지만 꾸준한 것이 중요하군요.

네, 바로 그것입니다. 영어로 표현하면 천천히, 그리고 꾸준하게 라는 뜻의 슬로우 앤드 스테디 (Slow and Steady, S) 정도 되겠지요.

여러분들은 우리나라를 대표하는 발레리나 강수진씨를 아시지요? 강수진 국립발레단장은 서른두 살 때 독일 슈투트가르트 발레단 수석 무용수로서 아시아인 최초로 '세계 무용의 오스카'라는 '브누아 드 라당스' 최고 여성 무용수상을 받았고, 이후 다수의 상을 수상함으로써 우리나라를 넘어 세계적인 발레리나가 되었지요. 강수진 단장은 최근 자신의 성공에 대한 인터뷰를 하면서 "기본은 변하지 않는다. 벼락치기로 되는 일은 없고, 거저 주는 떡도 없다"고 말한 적이 있습니다. 실제로 행동하는 것과, 그것도 꾸준히 노력하는 것이 중요하다는 사실을 일깨워 주었다고 봅니다.

우리 속담에 '우물가에서 숭늉 찾는다'는 말도 있지요. 모든 일이 하루 아침에, 또 단시일 안에 완성될 수 없고, 오래 동안 꾸준하게 그 일을 실행했을 때 가능하다는 말입니다.

특히 일류정치, 일류국가라고 평가받는 선진국들은 일정한 영토 안에서 주권이 국민에게 있다는 의미로서 1789년 프랑스혁명 이후에 만들어진 국민국가를 형성한 이후 오랜 시간에 걸쳐 많은 시행착오를 거치면서 일류정치를 해 오고 있지요.

그런데 1948년 건국이후 75년 이라는 짧은 역사를 가진 우리나라에서 하루 아침에 일류정치를 만들어 낸다는 것은 거의 불가능에 가까운 일입니다. 그 이유는 제가 앞에서 지적한 일류정치의 주요 요인들을 달성하는 것이 상당히 어렵고, 많은 시간을 필요로 하는 문제이기 때문입니다.

그렇다고 우리가 이 문제에 대해 관심을 끊어버리면 우리나라 정치는 4류정치에서 오래 동안 헤어나지 못할 수도 있습니다. 그런 점에서 많은 시간이 소요되지만, 일류정치를 달성할 수 있다는 기대와 꿈을 실현시키기 위해 앞으로 조금씩 나아간다면 가능할 수 있다고 생각합니다.

그 성과가 너무도 미약하고 보잘 것 없다고 무시하지 말고, 그러면서도 현재의 상황을 더 이상 악화시키지 않으면서 길게 보고 꾸준하게 노력한다면 분명히 일류정치는 실현될 것입니다.

'빨리 가려면 혼자서 가고, 멀리가려면 둘이서 가는 것이 좋다'는 말도 있듯이 우리 모두 함께 가는 마음과 실천이 있다면 가능하다고 생각합니다.

진실의 중요성이 더욱 요구된다고요?

그렇지요. 대단히 좋은 질문입니다. 영어로 말하면 트루(True, T) 정도 되겠지요.

어떤 상황에, 어떤 논리에, 어떤 대화에서도 진실의 중요성은 두말할 필요가 없지요. 여러분이나 저나 진실만큼 더 신뢰하는 것이 어디 있겠습니까? 진실을 싫어하거나 그 가치에 대해 부정하는 사람은 어디에도 없을 것입니다.

그런데 최근에 와서 진실이라는 말이, 그리고 진실의 가치가 무참히 훼손되고 있어서 안타깝기 그지없습니다. 요즘은 1인이 운영하는 유튜브 조차도 언론이라는 이름으로 모든 현상에 대해 자신들의 의견을 폭포처럼 쏟아내고 있습니다.

과거 신문이나 방송만이 언론이라는 이름을 달고 위세를 떨쳤던 시기도 있었지만 요즘엔 사람들이 자신들의 의견을 대단히 자유롭게 거침없이, 그리고 여과 없이 표출하고 있습니다. 직접민주주의를 하지 못하는 상황에서 자신들의 의견을 가감 없이 표현함으로써 간접민주주의를 보완한다는 점에서는 참으로 괜찮은 현상이라고 봅니다. 그런 점에서 의미 있는 사회발전의 한 모습이라고도 생각할 수 있습니다.

그런데 그 과정에서 생각하지도 못했던 부작용도 아주 많이 나오고 있다는 점이 문제입니다. 적어도 그동안의 언론들은 사실 확인을 하고, 보도하는 최소한의 책무를 다하고 있었지요. 그러나 최근에 와서는 언론이 갖추어야 할 최소한의 책무라도 생각했던 기존 언론들조차도 종종 진실과 다른 사실들을 마치 진실인냥 진실을 왜곡하여 보도하고 있다는 생각이 듭니다.

형식적인 검증과정을 갖춘 기존 언론들조차도 그렇게 변질된 상황이고, 일인 방송, 일인 언론을 자처하는 유튜브나 팟캐스트, 인터넷 등이 언론이라는 미명하에 마구잡이로 의견들을 내놓는 상황에서 진실과 거리가 먼 내용들을 진실인냥 포장하여 마구잡이로 쏟아내고 있습니다.

가짜뉴스를 얘기하는 건가요?

그렇습니다. 매일 너무나 많은 의견들이 뉴스라는 이름을 달고 나오면서, 사실 확인이나 사실에 근거한 내용도 많지만 다른 한편으로 진실의 모습으로 포장한 가짜뉴스가 사회에 넘쳐나고 있습니다. 조금 심하게 말하면 마치 장마철에 제방이나 둑이 터지고, 강이 범람해서 온 마을을 뒤덮는 정도의 가짜뉴스의 홍수 속에 우리가 살고 있다는 생각도 하게 됩니다.

문제는 그 가짜뉴스가 진실의 이름으로 포장을 했지만, 검증과정을 거쳐 가짜로 판명된 이후에도 진실을 밝히거나, 혹은 진실이 가짜뉴스를 없애버리는 상황이 쉽게 오지 않는다는 것이 더 큰 문제라고 생각합니다.

더욱이 최근에는 생성형 인공지능(AI)의 발달로 더욱 그럴듯한 가짜뉴스를 양산해내고 있습니다.

가짜뉴스는 일차적으로 그로 인해 피해를 입는 개인이나 집단에 해악을 끼치는 것이지만 이차적으로는 사회 모두를 썩게 하고, 심지어 사회와 국가를 파괴하고, 궁극적으로 전세계를 파멸의 길로 이끌 수도 있습니다.

그럼에도 불구하고 우리들은 설마 그럴까? 그러겠어? 하면서 아주 쉽게 넘어가는 경향이 있습니다. 특히 가짜뉴스의 진실을 파헤치고, 가짜뉴스를 만들고, 그것을 악용한 사람들에 대한 마지막 판단 제도인 사법부마저 가짜뉴스의 폐해를 지나치게 가볍게 다루고 있어 더욱 안타깝고, 무서운 생각이 듭니다.

가짜뉴스를 만든 사람, 그것을 의도적으로 더욱 조장하고, 악용한 사람이나 단체는 우리 사회에서 생존할 수 없도록 철저하게 응징하고, 처벌하고, 단죄하는 용기와 진실의 가치를 존중하는 사회를 만들어야 합니다. 그것은 우리의 책무이기도 합니다.

그러기 위해서는 교육이 더욱 필요하겠는데요?

그렇습니다. 교육을 통해 일류정치를 실현할 수 있습니다. 영어로 말하면 에듀케이션(Education, E) 정도가 되겠지요.

일반적으로 거짓말은 자신이 정말 사실을 정확하게 알지 못하여 거짓을 진실이라고 믿는 것을 말하는 경우도 있고, 실수해서 거짓말을 할 수도 있기 때문에 거짓말의 순수성에 대한 평가가 쉽지 않을 수 있습니다.

그러나 제가 여기서 가짜뉴스와 연관지어 말하는 거짓말은 남에게 해를 끼치려는 의도적 행위로서 정상적인 사람들이 갖는 양심에 반하는 반도덕적, 비도덕적 행동을 말합니다. 선의나 공익으로 포장된 거짓말을 의미하고, 이런 것들은 명백한 가짜뉴스라고 할 수 있고, 추잡하고 사악한 행위입니다.

우리는 가짜뉴스가 마치 암세포처럼 일정한 규칙이나 예상도 못하는 상황에서 마구잡이로 생성되고 유통되며, 피해를 극대화하면서 세상을 피폐하게 만들어 가고 있는 참으로 불행한 시기를 맞고 있습니다.

가짜뉴스는 더 많은 재화와 권력을 가지려는 세력들에 의해 아주 손쉽게 악용되고 있습니다. 특히 최근에는 유튜브나 인터넷, 핸드폰, 즉 모바일을 통해 보다 빠르게, 보다 멀리, 그리고 보다 광범위하게 확산되고, 또 공유되고 있습니다. 그 결과 가짜뉴스로 인해 매일 매일 재산상의 손실이나 명예훼손은 물론이고, 사람의 생명까지도 앗아가는 비극적 현실이 세상을 뒤덮고 있어서 안타깝고, 두려움이 더해가고 있습니다.

저는 이런 불행한 시간과 공간이 일상적인 것으로 자리 잡기 전에 그것을 막아야 한다고 생각합니다. 그리고 막을 수도 있다고 봅니다. 그것은 바로 교육을 통해 가능하다고 봅니다.

그런데 교육도 다양하잖아요.

그렇지요. 여러 가지를 생각해 볼 수 있습니다.

우리는 학교에서 가짜뉴스가 주는 피해에 대해 학생들이 생각하고, 문제를 해결하는 방법을 생각해 보고, 그런 과정에서 올바른 선생님들이 그것의 방법과 내용을 보완해 주는 과정을 통해서도 이 문제를 해결할 수 있다고 봅니다. 학교에서 일류정치에 걸맞는 개인 소양교육과 올바른 현실인식을 위한 교육이 절실하다는 생각이 듭니다.

그리고 사회에서는 언론, 경찰, 사법부 등이 가짜뉴스를 생성하고 유통시키는 행위에 대해 적극적으로 문제를 지적하고, 그런 행위를 한 사람이나 집단에게 무거운 처벌을 가함으로써 가짜뉴스를 척결하는 사회교육이 필요합니다. 동시에 그것의 학습효과를 높이는 것을 통해서도 어느 정도 문제를 해결할 수 있다고 봅니다.

가정에서는 부모들이 아이들과 함께 가짜뉴스에 대한 올바른 인식과 그 폐해와 방지를 얘기하는 가정교육을 통해서도 가능하다고 봅니다.

그리고 가장 중요한 것은 대통령을 비롯한 지도자급의 인사들이 솔선수범하여 이 문제를 해결하는데 앞장서는 정치교육을 통해서도 가능하다고 봅니다. 소위 지도자라고 하는 사람들이 가짜뉴스, 거짓말을 하지 말고, 또 거짓을 말한 사람들을 지도자의 위치에서 몰아내는 노력을 한다면 거짓말과 가짜뉴스가 많이 없어지고, 또 거의 생성되지 않을 수도 있다고 봅니다.

단지 가장 중요한 것은 교육의 효과가 상당한 시간이 흐른 뒤에 나타난다는 사실을 인식하고 어렵고, 힘들어도 꾸준하게 실천하는 노력과 사회구성원 모두가 동참해야 한다는 점을 명심해야 될 것 같습니다. 솔선수범이라는 말을 생각하고, 그것을 실천하려는 노력들이 필요합니다.

여러분은 교육의 힘에 대해 얼마나 믿고 있는지 모르겠지만 저는 교육이 모든 문제를 해결할 수 있는 가장 핵심적이고 기본적인 버팀목이라고 생각합니다. 그런 점에서 일류정치를 만드는 가장 핵심적인 요인 중 하나가 교육이라는 점을 알아차리고 제대로 된

교육에 더 많은 관심을 가졌으면 좋겠습니다.

그러면 조금 느긋한 마음이 필요하겠네요?

네, 그렇습니다. 일류정치는 하루아침에 만들어지는 것이 아니라는 사실에 여러분도 동의할 것입니다. 그렇기 때문에 느긋하게 여유를 가지고 일류정치를 위한 행동들을 진행시켜야 합니다.

저는 모든 일이 우리가 마음먹고 실행한다고 해서 곧바로 만들어 질 수는 없다고 실망하거나 포기한다면 삶이나 생활의 의미가 없다고 생각합니다. 만약 결과가 크지 않더라도 자신이 만족할 수 있고, 공정한 과정을 거쳐 상대적 박탈감을 느끼지 않는 결과라면 의미가 있다고 생각합니다.

우리가 그동안 무시하거나 싫어하거나 비판해왔던 정치는, 특히 거창하지는 않지만 소소한 정치라도 개인의 행복을 위해 필요한 것입니다. 특히 일류정치는 더욱 그럴 수 있다고 생각합니다. 일류정치를 만드는 것에 대해 크게만 보지 말고, 작지만 성취해가는 여유가 필요하고, 길게 보는 여유가, 그리고 느긋함이 분명히 필요합니다.

요즘 우리나라에서는 물론 동양과 한국에 대해 관심을 가진 외국인들이 명상에 대해 많은 관심을 보이고 있습니다. 미국이나 유럽 등지에 선(Zen) 센터가 많이 들어서고 있고, 그 중심에 한국의 참선이나 명상이 자리잡고 있다는 보도가 많습니다. 명상이나 선이 무엇일까요? 저는 명상이나 선 전문가는 아니지만, 제가 알기로는 명상이나 선의 중심은 바로 여유, 느긋함을 찾는 것이 아닌가 합니다.

바쁘게 돌아가는 현대사회에서 명상은 개인에게만 필요한 것이 아니고, 사회와 국가에게도 명상이 필요한 시기가 아닐까 하는 생각이 듭니다. 일류정치를 만들기 위해서 우리의 과거를 되돌아보고, 우리가 무엇을 할 것인가를 천천히 생각하고 행동하는 여유가 필요합니다. 여유로움에서 개인은 물론이고 사회와 국가의 성공과 발전을 기대할 수 있지 않을까요?

한 번에 일류정치가 완성되는 것은 불가능하다고 하셨죠?

그렇습니다. 여러분도 그렇게 생각하지 않으세요? 우리가 위에서 말한 것들은 단번에, 당장, 한 순간에 이루어질 수 없습니다. 그래서 그것들을 되풀이 하면서 일류정치를 만들어 가려는 노력들이 필요하겠지요. 영어로 말하면 리피트(Repeat, R) 정도가 되겠지요.

어떤 것들을 되풀이해야 되느냐고요? 그것은 간단합니다. 매스터를 되풀이 하는 겁니다.

정신적 자각을 통해 우리가 일류국가의 주인(공)으로서 현상을 바로 보는 습관을 들이고, 그 잣대로 지도급 인사들의 언행에 대해 질정하거나 칭찬하는 눈을 가져야 합니다. 지도자급 인사나 정당에 대해 올바른 판단에 근거하여 그들이 제대로 행동하지 못했을 때 행동으로 준엄한 심판을 가하는 것입니다. 또 이런 인식과 판단, 행동의 결과가 오랜 시간을 요한다는 점에서 멀리 바라보고 꾸준하게 이어나가야 합니다. 그 가운데 진실이 아닌 것을 과감하게 버리고 진실에 대해서 우리가 힘을 실어주고 이행하는 지혜가 필요하겠지요. 그러면서 이 모든 것들이 교육이라는 큰 테두리 속에서 항상 뒷받침되고 역량을 키워가야 한다는 점을 반드시 알고, 실행해야겠지요.

이 모든 과정을 실천하는 과정에서 '티끌모아 태산'이라는 말과 '천리 길도 한 걸음'부터라는 여유로움과 느긋함을 함께 하면서 매스터를 되풀이 하는 겁니다. 이렇게 매스터를 되풀이 하면서 저급한 지도자급 인사들이나 정당들을 없애면 일류정치가 서서히 다가온다고 확신합니다.

우리나라의 미래가 밝다고요?

그렇습니다. 저는 분명하게 그렇게 될 것이라고 생각합니다.

우리나라의 미래가 밝다는 생각은 검증된 외국의 전문가나 지식인들도 동의하고 있는 부분이기도 합니다.

아마도 여러분에게도 낯익은 우리나라에 많이 알려진 프랑스 소설가 베르나르 베르베르는 최근 한국의 한 언론과의 인터뷰에서, "저는 한국 독자들이 한국을 자랑스럽게 여기길 바라요. 그 이야기를 꼭 하고 싶습니다. 고유의 언어와 문화 그리고 고유의 영성을 가진 나라는 흔하지 않아요. 한국인은 다른 나라 사람들보다 차분하고 예의가 바르고, 시민의식이 있습니다. 길거리에 쓰레기를 버리지 않고 약속을 잡으면 보통 제시간에 옵니다. 만약 제가 프랑스에서 이런 인터뷰를 했다면 아마 15분 정도 늦게 시작했을 겁니다. 한국은 러시아, 중국, 일본 등 강대국들 사이에서 숱한 침략을 받으면서도 살아남았어요. 그리고 지금은 누구보다 강한 나라가 됐죠. 불행을 뚫고 결국 행복해진 나라에요. 출산 과정은 어려웠지만 결국 훌륭한 아이가 태어났죠." 라고 말했습니다.

그의 지적은 한국의 과거와 현재 모습은 물론 미래의 훌륭한 잠재력을 시사한 언급이 아닌가 합니다. 한국에 대해 이렇게 희망적인 평가를 하는 제대로 된 외국의 평가들도 상당히 많습니다.

그런데 제가 여기서 한 가지 말씀드릴 것은 우리가 아무리 희망이 있고, 잠재력이 있어도 그것을 실현시키려고 하는 행동이 없다면 아무 소용이 없는 것입니다. 따라서 희망을 현실로 만들 수 있는 적극적인 행동이 없다면 밝은 미래는 그냥 껍데기 일 뿐이고 말 그대로 희망사항으로 끝날 뿐입니다.

우리가 일류국가의 인싸도 될 수 있다고요?

네 그럴 수 있습니다. 우리가 요즘 각종 모임이나 TV의 예능 프로그램 등을 보면 인싸라는 말을 하지요. 인싸의 어원은 정확히 모르겠지만 제 생각으로는 조직이나 무리 안에서 잘 어울리는 친화력이 좋은 사람을 칭하는 것이 아닌가 합니다.

인사이더(insider)라는 용어가 있는데, 그것은 각종 행사나 모임에 적극적으로 참여하면서 사람들과 잘 어울려 지내는 사람을 가리키는 말인데, 그 '인사이더'를 된소리로 발음하면서 다소 변형한 형태로 표기한 것이라는 생각이 듭니다.

인싸를 그런 의미로 생각한다면 우리 모두는 조금만 노력하면 인싸가 될 수 있습니다. 일류정치와 일류국가를 만드는 것도 우리고, 우리 스스로도 그렇게 만든 일류정치와 일류국가에서 인싸가 될 수 있습니다. 바로 내가 일류정치의 인싸라는 자세로 생각하고 행동하여야 합니다.

일류국가에서 인싸가 되려면 인싸(INSA)를 해야된다고요?

그렇습니다. 제가 여러분이 쉽게 기억하도록 영어 표기를 이용하려고 합니다.

먼저 우리가 인성(Insung)을 갖추는 것이 필요합니다. 개인의 인성은 타고나는 것이 아니라 태어나서 교육과 사회관계를 통해 형성되지요. 그런데 요즘 우리사회를 보면 도저히 정상적인 인간으로 하는 말과 행동이라고 이해될 수 없는 일들이 너무도 많이 발생합니다. 부모 자식 사이에, 친구 사이에, 동료 사이에, 친인척 사이에, 그리고 남남 사이에서도 더 이상 정상적이고 올바른 인성을 갖추지 못한 행동들이 매일 세상을 떠들썩하게 합니다. 말하기조차 민망한 소위 '묻지마 폭력', '데이트 폭력', 심지어 '내로남불'까지도 포함해서 말입니다. 만약 인성이 제대로 갖추어 졌다면 발생하지도 않았을 사건들에 휩싸이지 않을 인성을 갖추어야겠습니다.

두 번째 노멀한(Normal) 국민이 됩시다. 최근에 비정상적인 인식이나 행동이 마치 정상적인 것으로 둔갑해서 '비정상의 정상화' 현상이 빠르게 전개되고 있습니다. 그런데 이런 현상은 우리나라뿐만 아니라 세계적인 차원에서도 나타나고 있는 현상처럼 보입니다. 단지 우리가 매일 우리나라에서 벌어지는 그런 뉴스와 현상을 더 많이 접해서 그런지 몰라도 우리나라가 좀더 심하다는 생각은 듭니다.

노멀한 것, 그리고 정상적인 것을 상식이 통하는 행동이나 말을 하는 것이라고 생각한다면 그렇게 어렵지도 않습니다. 기본적 원칙을 지키면서 공정하지 않고, 정당하지 않은 사이비 행동을 하지 않으면 노멀한 시민이 되는 것입니다. 그렇게 하면 진정한 의미의 정의도 실현하고 일류정치와 일류국가에서 인싸가 될 수 있습니다. 그 이유는 일류정치의 핵심은 인기보다는 원칙이기 때문입니다. 노멀한 시민이 압도적인 사회가 일류국가입니다.

세 번째 선거(Sunger) 합시다. 자유민주주의 사회에서 선거는 자신의 의견을 가장 잘 표출할 수 있는 방법 중 하나입니다. 그렇다고 단순히 선거에 참여하는 것에 의미를 두지 말아야 합니다. 자신이 과거 지지했더라도 그 지도자나 정당이 기대 이하의 행동을 했을 때 과감하게 지도자, 우리의 대리인, 정당을 바꾸는 현명함과 여유가 필요합니다.

자신만 잘살려는 꼼수일 수 있는 '생존의 법칙'에 충실한 지도자보다는 함께 잘 사는 '생활의 법칙'에 투철한 지도자를 뽑아야 합니다. 다시 말하면 생계형 지도자가 아닌 미래형 지도자를 뽑아야 합니다.

그 이유는 올바른 지도자는 권력에 굶주린 인간의 모습이 아니라 국민을 마치 주인으로 섬기는 듯한 사람이기 때문입니다. 또 다음 선거만을 생각하는 정치꾼보다는 다음 세대를 생각하는 지도자를 뽑아야 우리가 편안하게 살 수 있기 때문입니다.

4류정치를 지속시킨 가짜 진보, 가짜 보수의 좀비가 다시 활개치게 할 수는 없습니다. 민심과 헌법을 우습게 보는 지도자와 정당은 미래가 없다는 점을 반드시 기억하고 투표해야 합니다.

마지막으로 아량(Aryang)이 필요합니다. 너그럽고 속이 깊은 것을 아량이라고 하지요. 이런 마음가짐이 일류정치와 일류국가를 만들고 그 안에서 인싸가 되는데 절대적으로 필요합니다.

과거에도 분명히 그런 측면이 있었지만 최근에 더욱 심화되고 있는 자기 자신만, 자기 세력들만 잘났다는 망상을 버려야 합니다. 일류정치에서 인싸가 되려면 자신과 의견이나 행동이 다른 사람들을 포용하고 배려하며 함께 가는 아량이 더욱 필요합니다.

'주고 받는 것(give and take)'의 논리가 공정하고 평등하면서도 관계를 지속시킬 수 있는 것처럼, 내 의견을 말하여 공감을 얻고, 함께 가기 위해서는 남의 말을 경청하는 아량과 타인 존중의 마음을 가져야 합니다. 그런 과정에서 일류정치와 일류국가도 자연스럽게 만들어진다고 생각합니다.

국가가 너무 강하면 독재로 흐르기 쉽고, 반대로 시민사회가 너무 강하면 소수의견을 가장한 무법적 행태가 판치게 됩니다. 나눔과 배려는 남을 위해서만 하는 것이 아니라 자기 자신과 우리 사회를 위한 것이기도 합니다. 나와 우리편만 잘살고, 잘 나가면 된다는 생각을 버리고 함께 잘 사는 사회, 공존의 사회를 만들어야 한다는 포용의 마음, 열린 마음의 아량이 우리를 일류정치와 일류국가의 인싸로 만들 것입니다.

여러분 인싸(INSA)를 기억하고, 행동하고, 실천하면, 일류정치에서 진정한 인싸가 될 것입니다.■

대한민국의 일류정치를 기대하며

일류정치란 이념은 늘 변화할 수 있고, 공정한 법질서 속에서 부와 권력, 명예, 일자리를 공정하게 배분하고, 열린사회, 개인존중사회, 인기보다는 기본적 원칙에 충실하여 무한한 성장 가능성을 보여주는 정치입니다. 많은 잠재력을 가진 우리 청년들이 일류정치를 만들 날이 멀지 않다는 벅찬 기대감이 우리를 힘나게 합니다.

여섯

대한민국의 일류정치를 기대하며

이 책은 미래의 주인공인 청년들에게 제가 아주 오래 동안 고민해 온 것을 감히 글로 표현하여 논의해 보고, 만약 제 의견이 맞다면 청년들이 대한민국의 일류정치를 만드는 데 앞장서 주었으면 하는 바람으로 쓴 것입니다.

제 고민은 바로 우리가 늘 우리나라 정치를 4류정치라고 비난하면서도 거기서 헤어 나오지 못하는 원인이 무엇일까? 4류정치의 진흙탕에서 빠져 나와 자랑스러운 대한민국을 만드는 방법은 무엇일까? 대한민국의 일류정치는 불가능한 것인가 하는 것들이었습니다.

저를 아는 분들이 볼 때 제 자신이 그렇지 못한 경우도 있었다는 생각도 할 수 있지만, 저는 대학에서 학생들을 가르칠 때나, 방송국에서 시사프로그램을 진행하는 과정에서나, 또 주변 사람들과의 사회관계 속에서 가능한 대한민국에 해를 끼치는 행동은 하지 않으려고 애썼던 것 같습니다. 그 점은 여러분이나 저도 매우 비슷할 것입니다.

대부분의 우리나라 국민들이 그렇게 살아왔지만, 적지 않은 수의 잘못된 자칭 지도자급 인사들이나 올바르지 못한 정치세력들은 자신들의 잇속 챙기기에 급급함으로써 4류정치의 멍에를 탈피하지 못한 것이 아닌가 하는 생각이 듭니다.

4류정치를 벗어나서 일류정치나 일류국가를 가기 위해서는 제가 다섯 번째 장에서 지적했던 매스터(MASTER)와 인싸(INSA)를 실천하면 그 가능성을 높일 수 있다고 생각합니다.

건국 후 75년이라는 짧은 시간 동안에 우리 국민들 모두가 합심하여 세계 10위권의 경제 대국과 케이팝(K-POP) 등 한류를 통해 대한민국은 성장과 발전을 거듭하여 세계인들의 부러움을 사고 있고, 롤 모델 국가로서의 가능성도 높여가고 있습니다.

그러나 다른 한편으로는 우리사회는 최근 들어 갈등과 다툼과 분열의 가속화로 인해 국가의 미래에 어두운 그림자가 드리우고 있습니다.

여러분은 이 정도의 대한민국에 만족하시나요? 이대로 가더라도 4류정치가 극복될까요? 일류정치는 영원히 다른 나라의 일이고, 우리와는 상관없는 모습인가요?

미래의 희망이고 주인이며 주인공인 청년 여러분, 자랑스러운 대한민국을 함께 만들어 가지 않으실래요?■